Morgen beginnt heute

Gesellschaftlicher Wandel, technologische Revolutionen und ihre Auswirkungen auf unsere Welt

AF191599

–

**Der Autor:**

**Alex Goodman**, geboren 1978 in London, studierte Wirtschaftswissenschaften an der University of Oxford. Nach seiner Promotion in Global Economics arbeitete er als Berater für internationale Organisationen und leitete Projekte in Europa, Asien und Nordamerika. Goodman ist bekannt für seine Fähigkeit, komplexe ökonomische Zusammenhänge verständlich darzustellen. Er lebt in Zürich und widmet sich neben dem Schreiben der Förderung nachhaltiger Wirtschaftsinitiativen.


**Über das Buch:**

*"Morgen beginnt heute"* beleuchtet die entscheidenden globalen Trends, die unsere Welt im 21. Jahrhundert prägen. Von technologischen Revolutionen über gesellschaftliche Transformationen bis hin zu den Herausforderungen der Globalisierung und Nachhaltigkeit – dieses Buch zeigt, wie diese Entwicklungen unser Leben verändern und welche Chancen und Risiken sie bergen. Eine unverzichtbare Lektüre für alle, die die Zukunft aktiv mitgestalten wollen.

# Morgen beginnt heute

## Gesellschaftlicher Wandel, technologische Revolutionen und ihre Auswirkungen auf unsere Welt

Von

## Alex Goodman

TOPPBOOK Wissen Bd. 81

Bibliografische Information der Deutschen Nationalbibliothek:
Die Deutsche Nationalbibliothek verzeichnet diese Publikation in der
Deutschen Nationalbibliografie; detaillierte bibliografische Daten
sind im Internet über dnb.dnb.de abrufbar

Verlag: BoD • Books on Demand GmbH, In de Tarpen 42, 22848 Norderstedt
Druck: Libri Plureos GmbH, Friedensallee 273, 22763 Hamburg

ISBN: 978-3-7597-8466-7

# Inhaltsverzeichnis

# I. Innovation und Digitalisierung: Zukunftstrends und Herausforderungen

Die Digitalisierung und der technologische Fortschritt prägen die moderne Wirtschaft und Gesellschaft in einem noch nie dagewesenen Ausmaß. Innovationen, die auf digitalen Technologien basieren, verändern Branchen, schaffen neue Geschäftsmodelle und bieten sowohl Chancen als auch Herausforderungen. Dieses Kapitel beleuchtet die zentralen Trends in der Digitalisierung, die Rolle der Innovation in der Wirtschaft und die Herausforderungen, die Unternehmen und Gesellschaften in der digitalen Zukunft bewältigen müssen.

## I.1 Digitalisierung: Transformative Technologien und ihre Auswirkungen

Die Digitalisierung umfasst die Umwandlung von analogen Prozessen in digitale Formate sowie die Nutzung digitaler Technologien zur Verbesserung von Geschäftsprozessen, Produkten und Dienstleistungen. Sie ist ein zentraler Treiber für wirtschaftlichen Wandel und Innovation.

### I.1.1 Künstliche Intelligenz und maschinelles Lernen: Chancen und Risiken

Künstliche Intelligenz (KI) und maschinelles Lernen (ML) gehören zu den bahnbrechendsten Technologien unserer Zeit. Sie bieten enorme Potenziale, stellen jedoch auch Unternehmen und Gesellschaften vor neue Herausforderungen.

KI und ML ermöglichen es Unternehmen, große Datenmengen zu analysieren, Muster zu erkennen und Vorhersagen zu treffen, die für die Optimierung von Geschäftsprozessen, die Verbesserung der Kundenerfahrung und die Entwicklung neuer Produkte und Dienstleistungen entscheidend sind. Anwendungsbereiche umfassen die Automatisierung von Routineaufgaben, personalisierte Empfehlungen, vorausschauende Wartung und autonomes Fahren. Unternehmen, die KI erfolgreich einsetzen, können ihre Effizienz steigern, ihre Innovationsfähigkeit erhöhen und ihre Wettbewerbsfähigkeit sichern.

Trotz der vielen Vorteile birgt die Einführung von KI und ML auch Risiken. Dazu gehören Datenschutzbedenken, ethische Fragen im Umgang mit autonomen Systemen und die potenzielle Verdrängung von Arbeitsplätzen durch Automatisierung. Unternehmen müssen diese Risiken durch verantwortungsvolle KI-Nutzung, robuste Datenschutzmaßnahmen und den Aufbau von neuen Qualifikationen für ihre Mitarbeiter adressieren. Zudem ist eine enge Zusammenarbeit mit Regulierungsbehörden erforderlich, um ethische und rechtliche Standards für den Einsatz von KI zu entwickeln.

## I.1.2  Das Internet der Dinge (IoT): Vernetzung und Automatisierung

Das Internet der Dinge (IoT) verbindet physische Objekte mit dem Internet und ermöglicht es, Daten in Echtzeit zu sammeln, zu analysieren und zu nutzen. Diese Technologie verändert die Art und Weise, wie Unternehmen ihre Prozesse gestalten, Produkte entwickeln und Kunden bedienen.

IoT findet in vielen Branchen Anwendung, darunter Fertigung, Logistik, Gesundheitswesen und Smart Cities. In der Fertigung ermöglicht IoT die Überwachung und Optimierung von Produktionsprozessen durch vernetzte Sensoren und Maschinen, die in Echtzeit kommunizieren. In der Logistik verbessert IoT die Transparenz der Lieferkette, indem es den Standort und Zustand von Gütern während des Transports überwacht. Im Gesundheitswesen tragen IoT-Geräte zur Fernüberwachung von Patienten bei, was die Gesundheitsversorgung verbessert und Kosten senkt.

Die Implementierung von IoT-Technologien stellt Unternehmen vor Herausforderungen wie die Integration in bestehende Systeme, die Sicherstellung der Datensicherheit und den Schutz der Privatsphäre. Zudem erfordert IoT erhebliche Investitionen in Infrastruktur und Fachwissen. Unternehmen müssen Strategien entwickeln, um diese Herausforderungen zu bewältigen und gleichzeitig die Vorteile von IoT-Technologien voll auszuschöpfen. Dazu gehören die Zusammenarbeit mit Technologieanbietern, die Schulung von Mitarbeitern und die Implementierung von robusten Sicherheitsprotokollen.

## I.1.3 Blockchain und Distributed Ledger Technologien: Dezentralisierung und Sicherheit

Blockchain und Distributed Ledger Technologien (DLT) bieten neue Ansätze für die Sicherheit und Transparenz von Transaktionen in verschiedenen Bereichen, von Finanzdienstleistungen bis hin zur Lieferkettenverwaltung.

Blockchain ist eine dezentrale Datenbank, die Transaktionen in Blöcken speichert, die kryptografisch gesichert und miteinander verknüpft sind. Diese Technologie ermöglicht es, Transaktionen sicher und transparent abzuwickeln, ohne dass eine zentrale Autorität erforderlich ist. Blockchain hat vor allem durch Kryptowährungen wie Bitcoin Bekanntheit erlangt, findet aber auch in anderen Bereichen zunehmend Anwendung.

Blockchain-Technologie wird in einer Vielzahl von Anwendungsbereichen eingesetzt, darunter Finanzdienstleistungen, Logistik und öffentliche Verwaltung. Im Finanzsektor ermöglicht Blockchain sichere und transparente Transaktionen, die schnell und ohne Zwischenhändler durchgeführt werden können. In der Lieferkettenverwaltung bietet Blockchain die Möglichkeit, den Weg von Produkten vom Ursprung bis zum Endverbraucher nachzuverfolgen, was die Transparenz erhöht und Fälschungen reduziert.

Trotz der vielversprechenden Möglichkeiten gibt es Herausforderungen bei der Implementierung von Blockchain-Technologie, darunter Skalierbarkeit, Energieverbrauch und regulatorische Unsicherheiten. Unternehmen müssen sorgfältig abwägen, wie sie Blockchain in ihre Geschäftsmodelle integrieren und wie sie die damit verbundenen Risiken managen können. Gleichzeitig bietet Blockchain das Potenzial, bestehende Geschäftsprozesse zu revolutionieren und neue, vertrauensbasierte Ökosysteme zu schaffen.

# I.2 Zukunftstrends: Technologien und ihre wirtschaftlichen Auswirkungen

Die technologische Entwicklung schreitet in rasantem Tempo voran, und Unternehmen müssen sich kontinuierlich anpassen, um wettbewerbsfähig zu bleiben. Zu den wichtigsten Zukunftstrends gehören Künstliche Intelligenz, 5G, Quantencomputing und die zunehmende Bedeutung von Daten.

## I.2.1 und die nächste Generation der Konnektivität

Die Einführung von 5G-Netzen markiert den Beginn einer neuen Ära der Konnektivität, die schnellere und zuverlässigere Datenübertragung ermöglicht und eine Vielzahl neuer Anwendungen und Geschäftsmodelle unterstützt.

5G-Netze bieten deutlich höhere Geschwindigkeiten, geringere Latenzzeiten und eine größere Kapazität im Vergleich zu vorherigen Mobilfunkgenerationen. Dies ermöglicht die nahtlose Vernetzung von Milliarden von Geräten und die Unterstützung datenintensiver Anwendungen wie autonomes Fahren, Augmented Reality (AR) und das

Internet der Dinge (IoT). Für Unternehmen bedeutet 5G neue Möglichkeiten zur Optimierung von Prozessen, zur Entwicklung neuer Produkte und Dienstleistungen und zur Verbesserung der Kundenerfahrung.

5G hat das Potenzial, ganze Branchen zu transformieren, von der Fertigung über die Gesundheitsversorgung bis hin zur Unterhaltungsindustrie. Unternehmen, die frühzeitig in 5G-Technologien investieren, können sich Wettbewerbsvorteile sichern, indem sie innovative Anwendungen entwickeln und effizienter arbeiten. Gleichzeitig erfordert die Einführung von 5G erhebliche Investitionen in Infrastruktur und neue Geschäftsmodelle, was insbesondere für kleine und mittlere Unternehmen (KMU) eine Herausforderung darstellen kann.

Die Einführung von 5G bringt auch Herausforderungen mit sich, insbesondere im Hinblick auf die Netzsicherheit und den Schutz sensibler Daten. Da 5G-Netze eine größere Angriffsfläche bieten, müssen Unternehmen und Regierungen zusammenarbeiten, um robuste Sicherheitsmaßnahmen zu entwickeln und potenzielle Bedrohungen zu minimieren. Zudem gibt es Bedenken hinsichtlich der Regulierung und Standardisierung von 5G-Technologien, die international abgestimmt werden müssen, um globale Interoperabilität zu gewährleisten.

## I.2.2 Quantencomputing: Revolution der Datenverarbeitung

Quantencomputing ist eine aufstrebende Technologie, die das Potenzial hat, die Datenverarbeitung grundlegend zu verändern und Probleme zu lösen, die mit herkömmlichen Computern nicht bewältigt werden können.

Quantencomputer nutzen die Prinzipien der Quantenmechanik, um Berechnungen auf eine Weise durchzuführen, die weit über die Fähigkeiten klassischer Computer hinausgeht. Anstelle von Bits, die entweder den Wert 0 oder 1 haben, verwenden Quantencomputer Qubits,

17

die mehrere Zustände gleichzeitig einnehmen können. Dies ermöglicht es, komplexe Berechnungen parallel durchzuführen und bestimmte Probleme exponentiell schneller zu lösen.

Quantencomputing hat das Potenzial, Branchen wie die Chemie, die Materialwissenschaften, die Kryptographie und die künstliche Intelligenz zu revolutionieren. Beispielsweise könnten Quantencomputer neue Moleküle für Medikamente oder Materialien schneller und effizienter entwickeln als herkömmliche Computer. In der Kryptographie könnte Quantencomputing jedoch auch bestehende Verschlüsselungsmethoden gefährden, was neue Ansätze für die Datensicherheit erfordert.

Trotz der enormen Möglichkeiten steht Quantencomputing noch am Anfang seiner Entwicklung. Zu den größten Herausforderungen gehören die Stabilität von Qubits, die Fehlerkorrektur und die Skalierung der Systeme. Unternehmen und Forschungseinrichtungen investieren jedoch stark in die Weiterentwicklung dieser Technologie, und erste kommerzielle Anwendungen könnten in den nächsten Jahren Realität werden. Die Unternehmen, die frühzeitig die Vorteile des Quantencomputings nutzen, könnten sich bedeutende Wettbewerbsvorteile sichern.

# I.2.3 Datenwirtschaft und Big Data: Die Währung des digitalen Zeitalters

Daten sind zu einer der wertvollsten Ressourcen im digitalen Zeitalter geworden. Die Fähigkeit, große Datenmengen zu sammeln, zu analysieren und zu nutzen, ist entscheidend für den Erfolg von Unternehmen in einer datengesteuerten Wirtschaft.

Daten ermöglichen es Unternehmen, fundierte Entscheidungen zu treffen, ihre Produkte und Dienstleistungen zu personalisieren und ihre Geschäftsprozesse zu optimieren. Durch die Analyse von Big Data können Unternehmen tiefere Einblicke in das Verhalten ihrer Kunden gewinnen, neue Marktchancen identifizieren und betriebliche Effizienzen steigern. Datengetriebene Unternehmen sind in der Lage, schneller auf Marktveränderungen zu reagieren und innovative Produkte und Dienstleistungen zu entwickeln.

Die Verwaltung und Analyse großer Datenmengen bringt jedoch auch Herausforderungen mit sich. Dazu gehören die Sicherstellung der Datenqualität, der Schutz sensibler Informationen und die Einhaltung von Datenschutzbestimmungen wie der Datenschutz-Grundverordnung (DSGVO) in der Europäischen Union. Unternehmen müssen Strategien entwickeln, um diese Herausforderungen zu bewältigen und gleichzeitig die Vorteile einer datengesteuerten Geschäftstätigkeit zu nutzen.

Die Bedeutung von Daten wird in den kommenden Jahren weiter zunehmen, da immer mehr Geräte vernetzt werden und die Menge der erzeugten Daten exponentiell wächst. Technologien wie Künstliche Intelligenz, maschinelles Lernen und Quantencomputing werden die Analyse und Nutzung von Daten auf ein neues Niveau heben. Unternehmen, die in der Lage sind, diese Technologien effektiv einzusetzen, werden in der Lage sein, neue Geschäftsmodelle zu entwickeln und sich in einer zunehmend wettbewerbsorientierten globalen Wirtschaft durchzusetzen.

# I.3 Herausforderungen der Digitalisierung: Ethik, Sicherheit und Regulierung

Die rasante Entwicklung digitaler Technologien stellt nicht nur Chancen dar, sondern wirft auch eine Reihe von ethischen, sicherheitstechnischen und regulatorischen Herausforderungen auf. Unternehmen, Regierungen und die Gesellschaft müssen gemeinsam Lösungen finden, um die Digitalisierung verantwortungsvoll zu gestalten.

# I.3.1 Ethische Fragen der Digitalisierung: KI, Datenschutz und Automatisierung

Die zunehmende Digitalisierung bringt komplexe ethische Fragen mit sich, die sorgfältig abgewogen und adressiert werden müssen.

Die Nutzung von KI-Technologien wirft eine Vielzahl von ethischen Fragen auf, insbesondere in Bezug auf Entscheidungsfindung, Transparenz und Fairness. Algorithmen, die auf maschinellem Lernen basieren, können unbewusste Vorurteile (Bias) verstärken, wenn sie mit voreingenommenen Daten trainiert werden. Dies kann zu diskriminierenden Ergebnissen führen, beispielsweise bei der Kreditvergabe, der Einstellung von Mitarbeitern oder der Strafverfolgung. Unternehmen müssen sicherstellen, dass ihre KI-Systeme transparent, fair und verantwortungsvoll eingesetzt werden. Dies erfordert die Implementierung ethischer Leitlinien und die regelmäßige Überprüfung und Anpassung von Algorithmen.

Die Erhebung und Nutzung großer Datenmengen stellt eine erhebliche Herausforderung für den Datenschutz dar. Persönliche Daten können missbraucht werden, um individuelle Profile zu erstellen, die für gezielte Werbung oder sogar politische Manipulation genutzt werden. Unternehmen müssen den Schutz der Privatsphäre ihrer Kunden ernst nehmen und sicherstellen, dass sie die geltenden Datenschutzgesetze einhalten. Dies umfasst die Implementierung von Datenschutzmaßnahmen, die Minimierung der Datenerfassung und die transparente Kommunikation mit den Nutzern darüber, wie ihre Daten verwendet werden.

Die Automatisierung, insbesondere durch den Einsatz von KI und Robotik, führt zu erheblichen Veränderungen auf dem Arbeitsmarkt. Während einige Arbeitsplätze durch Automatisierung ersetzt werden, entstehen in anderen Bereichen neue Arbeitsplätze, die jedoch oft höhere Qualifikationen erfordern. Unternehmen und Regierungen müssen Strategien entwickeln, um den Übergang in eine automatisierte Arbeitswelt zu bewältigen. Dies umfasst die Umschulung von Arbeitnehmern, die Förderung von Bildung und die Schaffung neuer Beschäftigungsmöglichkeiten in wachsenden Sektoren.

## I.3.2 Cybersicherheit: Schutz vor digitalen Bedrohungen

Mit der zunehmenden Vernetzung und Digitalisierung wächst auch die Bedrohung durch Cyberangriffe. Unternehmen, Regierungen und Einzelpersonen sind gleichermaßen gefordert, Maßnahmen zum Schutz vor digitalen Bedrohungen zu ergreifen.

Die Komplexität und Vielfalt von Cyberangriffen nimmt stetig zu. Unternehmen müssen sich gegen eine Vielzahl von Bedrohungen schützen, darunter Phishing, Ransomware, Denial-of-Service-Angriffe und Datenlecks. Die Angreifer werden immer raffinierter und nutzen fortschrittliche Techniken, um in Netzwerke einzudringen und Daten zu stehlen oder zu manipulieren. Eine weitere Herausforderung besteht darin, dass die Angriffsflächen durch die zunehmende Vernetzung von Geräten im IoT und die Nutzung von Cloud-Diensten erweitert werden.

Um sich vor Cyberbedrohungen zu schützen, müssen Unternehmen eine umfassende Cybersicherheitsstrategie entwickeln. Dies umfasst technische Maßnahmen wie Firewalls, Verschlüsselung, Multi-Faktor-Authentifizierung und regelmäßige Sicherheitsupdates. Darüber hinaus ist die Schulung der Mitarbeiter in Sicherheitsbewusstsein und der Umgang mit potenziellen Bedrohungen von entscheidender Bedeutung, da menschliches Versagen oft der Schwachpunkt in der Sicherheitskette ist. Unternehmen sollten auch regelmäßig Penetrationstests und Sicherheitsüberprüfungen durchführen, um Schwachstellen zu identifizieren und zu beheben.

Cybersicherheit ist nicht nur eine Herausforderung für einzelne Unternehmen, sondern erfordert eine breite Zusammenarbeit zwischen Regierungen, Unternehmen und internationalen Organisationen. Dies umfasst den Austausch von Informationen über Bedrohungen, die Entwicklung gemeinsamer Standards und die Umsetzung internationaler Abkommen zur Bekämpfung von Cyberkriminalität. Regulierungen wie die DSGVO in der EU setzen neue Maßstäbe für den Schutz personenbezogener Daten und zwingen Unternehmen, ihre Sicherheitspraktiken zu verbessern.

## I.3.3 Regulierung der digitalen Wirtschaft: Herausforderungen und Ansätze

Die Regulierung der digitalen Wirtschaft ist eine komplexe Aufgabe, die die Balance zwischen Innovation, Wettbewerb und dem Schutz der Gesellschaft erfordert.

Die rasche Entwicklung digitaler Technologien stellt die Regulierungsbehörden vor Herausforderungen. Traditionelle Regulierungsansätze sind oft zu langsam und unflexibel, um mit dem Tempo der technologischen Innovation Schritt zu halten. Darüber hinaus sind digitale Geschäftsmodelle oft global ausgerichtet, während Regulierungen in der Regel auf nationaler Ebene implementiert werden. Dies führt zu Herausforderungen bei der Durchsetzung von Gesetzen und der Schaffung eines einheitlichen globalen Rahmens.

Um die digitale Wirtschaft effektiv zu regulieren, müssen Regierungen flexible und technologieoffene Ansätze entwickeln. Dies kann durch die Einführung von "regulatorischen Sandkästen" geschehen, in denen neue Technologien in einem kontrollierten Umfeld getestet werden können, bevor sie umfassend reguliert werden. Ein weiterer Ansatz ist die stärkere Einbindung von Branchenexperten und Technologieunternehmen in den Regulierungsprozess, um sicherzustellen, dass die Regelungen praxisnah und innovationsfreundlich sind.

Angesichts der globalen Natur der digitalen Wirtschaft ist internationale Zusammenarbeit unerlässlich. Regierungen und internationale Organisationen müssen zusammenarbeiten, um gemeinsame Standards und Regulierungen zu entwickeln, die den grenzüberschreitenden Handel und die Nutzung digitaler Technologien erleichtern. Dies umfasst die Harmonisierung von Datenschutzgesetzen, die Bekämpfung von Cyberkriminalität und die Förderung fairen Wettbewerbs in der digitalen Wirtschaft.

# II. Nachhaltigkeit und Wirtschaft: Ökologische, soziale und ökonomische Verantwortung

Nachhaltigkeit ist in den letzten Jahrzehnten zu einem zentralen Thema für Unternehmen, Regierungen und Gesellschaften geworden. Angesichts der wachsenden Herausforderungen durch den Klimawandel, soziale Ungleichheit und Ressourcenknappheit wird immer deutlicher, dass nachhaltige Praktiken entscheidend für die langfristige Stabilität und das Wohlergehen unseres Planeten sind. In diesem Kapitel werden die verschiedenen Dimensionen der Nachhaltigkeit in der Wirtschaft untersucht, einschließlich der ökologischen, sozialen und ökonomischen Verantwortung von Unternehmen.

## II.1 Ökologische Verantwortung: Wirtschaft und Umwelt im Einklang

Die ökologische Verantwortung von Unternehmen ist von zentraler Bedeutung, um die negativen Auswirkungen der Wirtschaft auf die Umwelt zu minimieren und zur Bewahrung der natürlichen Ressourcen beizutragen. Unternehmen sind gefordert, ihre Geschäftsmodelle und Produktionsprozesse so zu gestalten, dass sie nachhaltig und umweltfreundlich sind.

### II.1.1 Klimawandel und $CO_2$-Reduktion: Strategien und Maßnahmen

Der Klimawandel stellt eine der größten globalen Herausforderungen dar. Unternehmen müssen aktiv zur Reduktion von Treibhausgasemissionen beitragen, um den Klimawandel zu bekämpfen und ihre langfristige Existenz zu sichern.

Unternehmen können verschiedene Strategien zur Reduktion ihrer $CO_2$-Emissionen implementieren. Dazu gehören die Verbesserung der Energieeffizienz, der Einsatz erneuerbarer Energien, die Umstellung auf klimafreundliche Produktionsverfahren und die Förderung nachhaltiger Mobilität. Viele Unternehmen setzen sich spezifische Ziele zur Reduktion ihrer Emissionen und berichten regelmäßig über ihre Fortschritte. Einige Unternehmen verfolgen auch das Ziel, klimaneutral zu werden, indem sie ihre restlichen Emissionen durch den Kauf von $CO_2$-Zertifikaten oder durch Investitionen in Klimaschutzprojekte kompensieren.

Neben der Reduktion von Emissionen müssen Unternehmen auch Maßnahmen ergreifen, um sich an die Auswirkungen des Klimawandels anzupassen. Dies umfasst die Identifizierung von klimabedingten Risiken, wie Extremwetterereignisse, und die Entwicklung von Strategien, um die Widerstandsfähigkeit ihrer Betriebe zu erhöhen. Unternehmen in Branchen wie Landwirtschaft, Energie und Bauwesen sind besonders anfällig für die Folgen des Klimawandels und müssen innovative Lösungen entwickeln, um ihre Geschäftsmodelle anzupassen.

Die Regulierung im Bereich Klimaschutz nimmt weltweit zu. Viele Länder haben ehrgeizige Klimaziele festgelegt und verlangen von Unternehmen, ihre Emissionen zu überwachen und zu reduzieren. Der Druck auf Unternehmen, nachhaltiger zu werden, kommt jedoch nicht nur von Regierungen, sondern auch von Investoren, Kunden und der breiten Öffentlichkeit. Markttrends zeigen, dass Unternehmen, die proaktiv Klimaschutzmaßnahmen ergreifen, zunehmend von Verbrauchern bevorzugt werden und Wettbewerbsvorteile erzielen können.

## II.1.2 Ressourceneffizienz und Kreislaufwirtschaft: Geschäftsmodelle für eine nachhaltige Zukunft

Die Ressourceneffizienz und die Kreislaufwirtschaft sind zentrale Elemente nachhaltiger Geschäftsmodelle. Sie zielen darauf ab, den Ressourcenverbrauch zu minimieren und Abfall zu reduzieren, indem Materialien wiederverwendet, recycelt oder wiederverwertet werden.

Ressourceneffizienz bedeutet, dass Unternehmen ihre Produktionsprozesse so gestalten, dass sie weniger Rohstoffe und Energie verbrauchen. Dies kann durch die Optimierung von Produktionsverfahren, den Einsatz effizienterer Technologien und die Verringerung von Materialverlusten erreicht werden. Ressourceneffizienz führt nicht nur zu einer geringeren Umweltbelastung, sondern auch zu Kosteneinsparungen und einer höheren Wettbewerbsfähigkeit.

Die Kreislaufwirtschaft geht über die traditionelle lineare Wirtschaftsweise hinaus, die auf dem Prinzip "Take, Make, Waste" basiert. Stattdessen verfolgt sie das Ziel, Produkte, Materialien und Ressourcen so lange wie möglich im Wirtschaftskreislauf zu halten. Dies kann durch die Wiederverwendung von Produkten, das Recycling von Materialien und die Entwicklung von Produkten, die langlebig und reparierbar sind, erreicht werden. Unternehmen, die die Prinzipien der Kreislaufwirtschaft in ihre Geschäftsmodelle integrieren, können neue Märkte erschließen, ihre Abhängigkeit von knappen Ressourcen verringern und ihre Umweltauswirkungen minimieren.

Einige Unternehmen haben bereits innovative Geschäftsmodelle entwickelt, die auf den Prinzipien der Kreislaufwirtschaft basieren. Beispiele hierfür sind Miet- und Abonnementmodelle, bei denen Kunden Produkte für einen bestimmten Zeitraum nutzen und dann zurückgeben, um sie wiederzuverwenden. Andere Unternehmen bieten Reparatur- und Upcycling-Dienstleistungen an, um die Lebensdauer von Produkten zu verlängern. Diese Geschäftsmodelle fördern den Übergang zu einer nachhaltigen Wirtschaft und bieten gleichzeitig neue Geschäftsmöglichkeiten.

## II.1.3 Umweltmanagement und Zertifizierung: Standards und Best Practices

Ein wirksames Umweltmanagement ist entscheidend, um die ökologischen Auswirkungen von Unternehmen zu kontrollieren und kontinuierliche Verbesserungen zu erzielen. Umweltzertifizierungen und -standards bieten Unternehmen einen Rahmen, um ihre Umweltleistung zu messen und zu kommunizieren.

Ein Umweltmanagementsystem (UMS) ist ein strukturiertes System, das Unternehmen dabei unterstützt, ihre Umweltauswirkungen zu kontrollieren und kontinuierliche Verbesserungen zu erzielen. Ein weit verbreiteter Standard für Umweltmanagementsysteme ist die ISO 14001, die Unternehmen einen Rahmen zur Identifizierung, Kontrolle und Überwachung ihrer Umweltaspekte bietet. Ein UMS umfasst die Festlegung von Umweltzielen, die Durchführung von Audits und die Schulung von Mitarbeitern. Unternehmen, die ein UMS implementieren, können ihre Umweltleistung systematisch verbessern und gleichzeitig das Risiko von Umweltvorfällen minimieren.

Umweltzertifizierungen und -labels bieten Unternehmen die Möglichkeit, ihre Umweltverantwortung nach außen hin zu demonstrieren. Zertifizierungen wie der Blaue Engel, das EU Ecolabel oder das LEED-Zertifikat für nachhaltiges Bauen sind weithin anerkannt und bieten Verbrauchern Orientierungshilfe bei der Auswahl umweltfreundlicher Produkte und Dienstleistungen. Unternehmen, die Umweltzertifizierungen erlangen, können ihr Engagement für Nachhaltigkeit glaubwürdig kommunizieren und sich von Wettbewerbern abheben.

Best Practices im Umweltmanagement umfassen die Einführung von Maßnahmen zur Reduzierung von Emissionen, Energieverbrauch und Abfall sowie die Förderung nachhaltiger Beschaffungspraktiken. Unternehmen, die Best Practices im Umweltmanagement anwenden, integrieren Umweltüberlegungen in ihre Geschäftsstrategien, von der Produktentwicklung über die Produktion bis hin zur Lieferkette. Darüber hinaus engagieren sie sich häufig in branchenübergreifenden Initiativen und Netzwerken, um den Wissensaustausch und die Zusammenarbeit im Bereich Umweltschutz zu fördern.

## II.2 Soziale Verantwortung: Unternehmen und Gesellschaft

Unternehmen tragen nicht nur ökologische, sondern auch soziale Verantwortung. Sie sind gefordert, zur Verbesserung der Lebensqualität ihrer Mitarbeiter, Kunden und der Gesellschaft insgesamt beizutragen.

### II.2.1 Fairer Handel und ethische Beschaffung: Standards und Initiativen

Fairer Handel und ethische Beschaffung sind zentrale Elemente der sozialen Verantwortung von Unternehmen. Sie zielen darauf ab, faire Arbeitsbedingungen zu gewährleisten, Menschenrechte zu schützen und nachhaltige Produktionsmethoden zu fördern.

Der faire Handel basiert auf dem Prinzip, dass Produzenten in Entwicklungsländern einen fairen Preis für ihre Produkte erhalten, der es ihnen ermöglicht, ein menschenwürdiges Leben zu führen und ihre Gemeinschaften zu stärken. Fair-Trade-Zertifizierungen wie Fairtrade, Rainforest Alliance oder UTZ garantieren, dass die Produkte unter fairen Arbeitsbedingungen und unter Berücksichtigung ökologischer Standards hergestellt wurden. Unternehmen, die Fair-Trade-Produkte anbieten, tragen zur Förderung nachhaltiger Entwicklung und sozialer Gerechtigkeit bei.

Ethische Beschaffung bezieht sich auf den Einkauf von Materialien und Produkten, die unter fairen Arbeitsbedingungen und unter Achtung der Menschenrechte hergestellt wurden. Unternehmen sind zunehmend gefordert, die Bedingungen in ihren globalen Lieferketten zu überwachen und sicherzustellen, dass ihre Lieferanten ethische Standards einhalten. Dies umfasst die Vermeidung von Kinderarbeit, die Gewährleistung fairer Löhne und die Einhaltung von Arbeitsschutzstandards. Unternehmen, die ihre Lieferketten verantwortungsvoll gestalten, minimieren Risiken, stärken ihr Ansehen und fördern eine nachhaltigere globale Wirtschaft.

Unternehmen können durch die Teilnahme an Initiativen und Partnerschaften im Bereich fairer Handel und ethische Beschaffung ihren positiven Einfluss verstärken. Viele Unternehmen schließen sich Multi-Stakeholder-Initiativen an, in denen sie mit NGOs, Regierungen und anderen Unternehmen zusammenarbeiten, um gemeinsame Standards zu entwickeln und die Einhaltung ethischer Praktiken in globalen Lieferketten zu fördern. Beispiele hierfür sind die Ethical Trading Initiative (ETI) oder das UN Global Compact, die Unternehmen unterstützen, ihre sozialen und ökologischen Verantwortlichkeiten wahrzunehmen.

## II.2.2 Arbeitsbedingungen und Mitarbeiterwohl: Verantwortung und Engagement

Unternehmen haben eine Verantwortung gegenüber ihren Mitarbeitern, faire und sichere Arbeitsbedingungen zu gewährleisten und deren Wohlbefinden zu fördern.

Faire Arbeitsbedingungen sind ein zentraler Aspekt der sozialen Verantwortung von Unternehmen. Dazu gehört die Gewährleistung sicherer Arbeitsumgebungen, die Einhaltung von Arbeitszeitregelungen, die Zahlung fairer Löhne und die Vermeidung von Diskriminierung und Belästigung. Unternehmen, die faire Arbeitsbedingungen bieten, tragen zur Verbesserung der Lebensqualität ihrer Mitarbeiter bei und fördern deren Engagement und Produktivität.

Das Wohlbefinden der Mitarbeiter ist ein wichtiger Faktor für den Erfolg eines Unternehmens. Unternehmen sollten Maßnahmen ergreifen, um die Work-Life-Balance ihrer Mitarbeiter zu fördern, einschließlich flexibler Arbeitszeitmodelle, betrieblicher Gesundheitsförderung und Angebote zur Stressbewältigung. Die Förderung des Mitarbeiterwohls trägt dazu bei, die Zufriedenheit und Bindung der Mitarbeiter zu erhöhen und ein positives Arbeitsumfeld zu schaffen.

Die berufliche Entwicklung und Weiterbildung der Mitarbeiter ist entscheidend für die Wettbewerbsfähigkeit eines Unternehmens. Unternehmen sollten ihren Mitarbeitern Zugang zu Fortbildungs- und Qualifizierungsprogrammen bieten, um deren Fähigkeiten zu erweitern und ihre Karrierechancen zu verbessern. Darüber hinaus ist die Förderung von Chancengleichheit und Diversität im Unternehmen ein wichtiger Aspekt der sozialen Verantwortung. Unternehmen, die auf eine inklusive Kultur setzen, profitieren von einer vielfältigen Belegschaft, die unterschiedliche Perspektiven und Ideen einbringt.

Viele Unternehmen engagieren sich über ihre unmittelbaren Geschäftsaktivitäten hinaus für das Wohl der Gesellschaft. Corporate Volunteering-Programme, bei denen Mitarbeiter sich in ihrer Arbeitszeit für gemeinnützige Zwecke einsetzen können, sind ein Beispiel für solches Engagement. Diese Programme fördern nicht nur den gesellschaftlichen Beitrag des Unternehmens, sondern stärken auch das Zusammengehörigkeitsgefühl und die Motivation der Mitarbeiter. Unternehmen, die soziales Engagement fördern, können ihr Ansehen in der Gesellschaft verbessern und positive Veränderungen bewirken.

## II.2.3 Soziale Innovation: Geschäftsideen für eine bessere Welt

Soziale Innovationen sind neue Ansätze, die darauf abzielen, gesellschaftliche Herausforderungen zu lösen und das Gemeinwohl zu fördern. Unternehmen können durch soziale Innovationen neue Geschäftsmöglichkeiten erschließen und gleichzeitig einen positiven Einfluss auf die Gesellschaft ausüben.

Soziale Innovationen umfassen neue Produkte, Dienstleistungen oder Geschäftsmodelle, die darauf abzielen, soziale Probleme zu lösen. Beispiele für soziale Innovationen sind Mikrokredite, die Menschen in Entwicklungsländern den Zugang zu finanziellen Ressourcen ermöglichen, oder Sharing-Economy-Plattformen, die den Zugang zu Ressourcen verbessern und die Umweltbelastung reduzieren. Unternehmen, die soziale Innovationen fördern, können sowohl gesellschaftlichen Nutzen stiften als auch wirtschaftliche Erfolge erzielen.

Unternehmen, die Geschäftsmodelle mit sozialer Wirkung entwickeln, verbinden wirtschaftlichen Erfolg mit positiven sozialen oder ökologischen Ergebnissen. Diese Geschäftsmodelle zielen darauf ab, nachhaltige Lösungen für dringende gesellschaftliche Probleme zu bieten, sei es durch die Verbesserung des Zugangs zu Bildung, die Förderung von Gesundheit oder den Schutz der Umwelt. Unternehmen, die soziale Innovationen erfolgreich umsetzen, können neue Märkte erschließen, sich von Wettbewerbern abheben und langfristig nachhaltige Geschäftsmodelle etablieren.

Soziale Innovationen erfordern oft die Zusammenarbeit verschiedener Akteure, einschließlich Unternehmen, NGOs, Regierungen und der Zivilgesellschaft. Durch Partnerschaften und Kooperationen können Unternehmen Ressourcen bündeln, Fachwissen austauschen und gemeinsam innovative Lösungen entwickeln. Solche Partnerschaften ermöglichen es Unternehmen, ihre sozialen Innovationsziele schneller und effektiver zu erreichen und gleichzeitig das Gemeinwohl zu fördern.

# II.3 Ökonomische Verantwortung: Nachhaltiges Wachstum und langfristige Wertschöpfung

Neben ökologischer und sozialer Verantwortung tragen Unternehmen auch eine ökonomische Verantwortung, die darauf abzielt, nachhaltiges Wachstum und langfristige Wertschöpfung zu gewährleisten.

## II.3.1 Nachhaltiges Wirtschaftswachstum: Strategien und Ansätze

Nachhaltiges Wirtschaftswachstum bedeutet, wirtschaftliche Entwicklung zu fördern, ohne die Umwelt zu schädigen oder soziale Ungleichheiten zu verschärfen. Unternehmen müssen Strategien entwickeln, um wirtschaftliches Wachstum mit ökologischer und sozialer Verantwortung in Einklang zu bringen.

Unternehmen können nachhaltiges Wachstum fördern, indem sie in umweltfreundliche Technologien investieren, ressourceneffiziente Produktionsmethoden einsetzen und nachhaltige Produkte und Dienstleistungen entwickeln. Darüber hinaus können Unternehmen durch Diversifikation und Innovation neue Märkte erschließen und ihre Wettbewerbsfähigkeit stärken. Eine langfristige Perspektive und die Integration von Nachhaltigkeitsaspekten in die Geschäftsstrategie sind entscheidend, um nachhaltiges Wachstum zu erzielen.

Nachhaltige Investitionen gewinnen zunehmend an Bedeutung, da Investoren verstärkt auf Umwelt-, Sozial- und Governance-Kriterien (ESG) achten. Unternehmen, die nachhaltige Praktiken fördern und ESG-Standards erfüllen, können leichter Kapital von Investoren anziehen, die langfristige Wertschöpfung und soziale Verantwortung schätzen. Nachhaltige Finanzierung, wie Green Bonds oder Social Impact Bonds, bietet Unternehmen die Möglichkeit, ihre Nachhaltigkeitsziele zu finanzieren und gleichzeitig ihre ökonomische Verantwortung wahrzunehmen.

Langfristige Wertschöpfung bedeutet, dass Unternehmen ihre Geschäftsmodelle so gestalten, dass sie nicht nur kurzfristige Gewinne, sondern auch langfristigen wirtschaftlichen Erfolg und gesellschaftlichen Nutzen erzielen. Dies erfordert eine sorgfältige Planung, die Berücksichtigung von Risiken und Chancen sowie die Integration von Nachhaltigkeitszielen in die Unternehmensstrategie. Unternehmen, die langfristige Wertschöpfung anstreben, sind besser in der Lage, sich an veränderte Marktbedingungen anzupassen und nachhaltig zu wachsen.

## II.3.2 Corporate Governance: Transparenz, Ethik und Rechenschaftspflicht

Eine gute Corporate Governance ist entscheidend, um das Vertrauen von Investoren, Kunden und der Gesellschaft zu gewinnen und langfristigen Erfolg zu sichern.

Corporate Governance umfasst die Regeln, Verfahren und Prozesse, die die Leitung und Überwachung eines Unternehmens betreffen. Gute Corporate Governance stellt sicher, dass Unternehmen transparent und ethisch handeln, Rechenschaft gegenüber ihren Stakeholdern ablegen und die Interessen aller Beteiligten berücksichtigen. Zu den Grundsätzen der Corporate Governance gehören Transparenz, Unabhängigkeit, Rechenschaftspflicht und Verantwortung.

Transparenz ist ein wesentlicher Bestandteil guter Corporate Governance. Unternehmen müssen regelmäßig über ihre Geschäftstätigkeiten, Finanzen und Strategien berichten, um das Vertrauen der Stakeholder zu stärken. Dies umfasst die Veröffentlichung von Jahresberichten, Nachhaltigkeitsberichten und anderen relevanten Informationen. Transparente Kommunikation hilft, Missverständnisse zu vermei-

den, das Vertrauen der Investoren zu stärken und die Rechenschaftspflicht des Managements zu gewährleisten.

Ethik und Unternehmenswerte spielen eine zentrale Rolle in der Corporate Governance. Unternehmen müssen sicherstellen, dass ihre Geschäftspraktiken ethischen Standards entsprechen und die Unternehmenswerte in allen Bereichen der Organisation gelebt werden. Dies
umfasst den fairen Umgang mit Mitarbeitern, Kunden und Lieferanten, die Einhaltung gesetzlicher Vorschriften und die Vermeidung von
Korruption und Interessenkonflikten. Eine starke ethische Kultur
trägt dazu bei, das Ansehen des Unternehmens zu schützen und langfristigen Erfolg zu sichern.

Rechenschaftspflicht bedeutet, dass das Management eines Unternehmens für seine Entscheidungen und Handlungen verantwortlich
ist und gegenüber den Stakeholdern Rechenschaft ablegt. Der Auf-
sichtsrat spielt eine wichtige Rolle in der Corporate Governance, indem er das Management überwacht, die strategische Ausrichtung des
Unternehmens überprüft und sicherstellt, dass die Interessen der Aktionäre gewahrt werden. Eine wirksame Aufsicht und Rechenschaftspflicht tragen dazu bei, Risiken zu minimieren und die langfristige Stabilität des Unternehmens zu gewährleisten.

## II.3.3 Nachhaltigkeitsberichterstattung und ESG-Kriterien

Nachhaltigkeitsberichterstattung und ESG-Kriterien (Environmental,
Social, Governance) gewinnen in der Unternehmensführung zuneh-
mend an Bedeutung. Sie bieten Unternehmen die Möglichkeit, ihre
Nachhaltigkeitsleistung zu messen, zu berichten und gegenüber ihren
Stakeholdern zu kommunizieren.

Nachhaltigkeitsberichterstattung ist der Prozess, durch den Unternehmen über ihre ökologischen, sozialen und wirtschaftlichen Auswirkungen berichten. Dies umfasst die Offenlegung von Informationen

über den Energieverbrauch, die $CO_2$-Emissionen, die Arbeitsbedingungen, die Unternehmensführung und andere relevante Themen. Viele Unternehmen nutzen internationale Standards wie die Global Reporting Initiative (GRI) oder die Sustainable Development Goals (SDGs) der Vereinten Nationen, um ihre Berichterstattung zu strukturieren und zu vergleichen.

ESG-Kriterien sind Standards, die Unternehmen bei der Bewertung ihrer ökologischen, sozialen und Governance-Praktiken berücksichtigen. Investoren nutzen ESG-Kriterien, um die Nachhaltigkeitsleistung von Unternehmen zu bewerten und nachhaltige Investitionsentscheidungen zu treffen. Unternehmen, die hohe ESG-Standards erfüllen, können ihre Attraktivität für Investoren erhöhen, ihre Risiken besser managen und ihre Wettbewerbsfähigkeit steigern. ESG-Kriterien spielen auch eine wichtige Rolle bei der Kreditvergabe und der Bewertung von Unternehmensanleihen.

ESG-Ratings sind Bewertungen, die die Nachhaltigkeitsleistung von Unternehmen anhand von ESG-Kriterien messen. Diese Ratings werden von spezialisierten Agenturen erstellt und bieten Investoren eine unabhängige Bewertung der Nachhaltigkeit von Unternehmen. ESG-Ratings beeinflussen zunehmend die Investitionsentscheidungen von institutionellen Anlegern, die nachhaltige Portfolios aufbauen möchten. Unternehmen, die hohe ESG-Ratings erzielen, profitieren von einem besseren Zugang zu Kapital und einer stärkeren Positionierung im Markt.

Die Bedeutung der Nachhaltigkeitsberichterstattung und der ESG-Kriterien wird in den kommenden Jahren weiter zunehmen. Regulierungen wie die EU-Richtlinie zur nichtfinanziellen Berichterstattung verpflichten Unternehmen, umfassend über ihre Nachhaltigkeitsaktivitäten zu berichten. Gleichzeitig wächst der Druck von Investoren, Kunden und der Öffentlichkeit, mehr Transparenz und Verantwortung von Unternehmen zu fordern. Unternehmen, die proaktiv Nachhaltigkeitsziele setzen und darüber berichten, werden langfristig von einer

stärkeren Akzeptanz und Unterstützung durch ihre Stakeholder
profitieren.

# III. Die Zukunft der Arbeit: Trends, Herausforderungen und Chancen

Die Arbeitswelt befindet sich in einem tiefgreifenden Wandel, der durch technologische Innovationen, demografische Veränderungen und die Globalisierung vorangetrieben wird. Diese Entwicklungen eröffnen neue Möglichkeiten, stellen Arbeitnehmer und Unternehmen jedoch auch vor große Herausforderungen. In diesem Kapitel werden die wichtigsten Trends, Herausforderungen und Chancen der Zukunft der Arbeit untersucht und diskutiert, wie Unternehmen und Arbeitnehmer sich darauf vorbereiten können.

## III.1 Technologischer Wandel und Automatisierung: Auswirkungen auf den Arbeitsmarkt

Technologische Innovationen, insbesondere in den Bereichen Künstliche Intelligenz (KI), Robotik und Automatisierung, verändern die Arbeitswelt grundlegend. Diese Technologien schaffen neue Arbeitsplätze, während andere gefährdet sind.

### III.1.1 Automatisierung und künstliche Intelligenz: Chancen und Risiken

Die Automatisierung und der Einsatz von Künstlicher Intelligenz (KI) revolutionieren die Art und Weise, wie Unternehmen arbeiten und Wert schaffen. Diese Technologien bieten erhebliche Chancen, stellen jedoch auch die bestehenden Beschäftigungsmodelle infrage.

Automatisierung und KI können Unternehmen dabei helfen, ihre Produktivität zu steigern, die Effizienz zu verbessern und die Kosten zu senken. Routineaufgaben, die zuvor von Menschen erledigt wurden,

37

können nun von Maschinen übernommen werden, was es den Mitarbeitern ermöglicht, sich auf höherwertige Tätigkeiten zu konzentrieren. KI kann auch dazu beitragen, komplexe Probleme zu lösen, indem sie große Datenmengen analysiert und wertvolle Erkenntnisse liefert, die Unternehmen bei der Entscheidungsfindung unterstützen.

Während Automatisierung und KI neue Arbeitsplätze schaffen, insbesondere in den Bereichen Technologie, Datenanalyse und Maschinenwartung, führen sie auch zu einem Verlust von Arbeitsplätzen in Bereichen, die stark von Routineaufgaben geprägt sind. Berufe in der Fertigung, im Einzelhandel und in der Verwaltung sind besonders gefährdet. Arbeitnehmer müssen sich an diese Veränderungen anpassen, indem sie neue Fähigkeiten erwerben und sich kontinuierlich weiterbilden. Unternehmen und Regierungen stehen vor der Herausforderung, den Übergang in eine automatisierte Arbeitswelt sozialverträglich zu gestalten.

Die Zukunft der Arbeit wird nicht ausschließlich von Maschinen dominiert, sondern vielmehr von einer engen Zusammenarbeit zwischen Mensch und Maschine geprägt sein. KI und Automatisierung können menschliche Fähigkeiten ergänzen, indem sie Routineaufgaben übernehmen und den Menschen mehr Zeit für kreative, strategische und zwischenmenschliche Aufgaben lassen. Unternehmen, die erfolgreich ein Arbeitsumfeld schaffen, in dem Menschen und Maschinen synergetisch zusammenarbeiten, werden ihre Innovationskraft und Wettbewerbsfähigkeit steigern.

## III.1.2 Neue Berufsbilder und Kompetenzen: Anforderungen der digitalen Wirtschaft

Der technologische Wandel schafft neue Berufsbilder und erfordert von den Arbeitnehmern, dass sie sich kontinuierlich weiterbilden und neue Fähigkeiten entwickeln, um in der digitalen Wirtschaft erfolgreich zu sein.

Mit der fortschreitenden Digitalisierung entstehen neue Berufsbilder, die vor wenigen Jahren noch undenkbar waren. Beispiele hierfür sind Datenwissenschaftler, KI-Spezialisten, Robotik-Ingenieure, digitale Marketer und Cybersecurity-Experten. Diese Berufe erfordern spezialisierte Kenntnisse und Fähigkeiten, die in traditionellen Bildungs- und Ausbildungsprogrammen oft nicht ausreichend abgedeckt sind. Unternehmen müssen daher in die Entwicklung neuer Ausbildungsprogramme investieren, um den Bedarf an qualifizierten Fachkräften zu decken.

In einer sich ständig verändernden Arbeitswelt wird lebenslanges Lernen zur Notwendigkeit. Arbeitnehmer müssen bereit sein, kontinuierlich neue Fähigkeiten zu erwerben und ihre bestehenden Kompetenzen zu erweitern, um mit den technologischen Entwicklungen Schritt zu halten. Upskilling- und Reskilling-Programme, die von Unternehmen und Bildungseinrichtungen angeboten werden, spielen eine zentrale Rolle, um die Beschäftigungsfähigkeit der Arbeitnehmer zu erhalten und den Übergang in neue Berufsfelder zu erleichtern.

Neben technischen Fähigkeiten gewinnen auch Soft Skills in der digitalen Wirtschaft zunehmend an Bedeutung. Fähigkeiten wie Problemlösungsfähigkeit, Kreativität, emotionale Intelligenz und Teamarbeit werden in einer Arbeitswelt, die von Automatisierung und KI geprägt ist, immer wichtiger. Diese Fähigkeiten ermöglichen es den Arbeitnehmern, in komplexen und dynamischen Umgebungen erfolgreich zu sein und einen Mehrwert zu schaffen, den Maschinen nicht leisten können.

# III.2 Flexibilität und Mobilität: Neue Arbeitsmodelle und deren Auswirkungen

Die Zukunft der Arbeit wird durch flexible Arbeitsmodelle und eine erhöhte Mobilität geprägt sein, die sowohl Chancen als auch Herausforderungen für Unternehmen und Arbeitnehmer mit sich bringen.

# III.2.1      Remote-Arbeit und hybride Modelle: Vorteile und Herausforderungen

Die COVID-19-Pandemie hat den Trend zur Remote-Arbeit beschleunigt und viele Unternehmen dazu veranlasst, hybride Arbeitsmodelle zu übernehmen, bei denen Mitarbeiter zwischen Büro und Homeoffice wechseln.

Remote-Arbeit bietet zahlreiche Vorteile, sowohl für Unternehmen als auch für Arbeitnehmer. Unternehmen können ihre Betriebskosten senken, da weniger Bürofläche benötigt wird, und haben Zugang zu einem größeren Pool an Talenten, da Mitarbeiter nicht mehr ortsgebunden arbeiten müssen. Für Arbeitnehmer bietet Remote-Arbeit eine bessere Work-Life-Balance, da der Arbeitsweg entfällt und die Flexibilität bei der Gestaltung des Arbeitstages zunimmt. Remote-Arbeit ermöglicht es den Mitarbeitern, in einer Umgebung zu arbeiten, die ihren individuellen Bedürfnissen entspricht, was zu höherer Zufriedenheit und Produktivität führen kann.

Trotz der Vorteile bringt Remote-Arbeit auch Herausforderungen mit sich. Die Isolation vom Team und der fehlende persönliche Kontakt können das Gefühl der Zusammengehörigkeit und Zusammenarbeit beeinträchtigen. Unternehmen müssen daher neue Wege finden, um die Kommunikation und Zusammenarbeit in virtuellen Teams zu fördern. Dies erfordert den Einsatz von Technologien für Videokonferenzen, Kollaborationstools und die Schaffung einer Unternehmenskultur, die auf Vertrauen und Eigenverantwortung basiert.

Hybride Arbeitsmodelle kombinieren die Vorteile von Remote-Arbeit und Büropräsenz, indem sie den Mitarbeitern die Flexibilität bieten, zwischen beiden Arbeitsorten zu wechseln. Diese Modelle können das Beste aus beiden Welten vereinen, indem sie die Flexibilität und Autonomie der Remote-Arbeit mit den sozialen und kollaborativen Vorteilen des Büroarbeitsplatzes kombinieren. Unternehmen, die hybride Modelle erfolgreich umsetzen, müssen klare Richtlinien und Prozesse entwickeln, um sicherzustellen, dass alle Mitarbeiter, unabhängig von ihrem Arbeitsort, gleichermaßen eingebunden und unterstützt werden.

## III.2.2 Gig-Economy und Plattformarbeit: Veränderungen der Beschäftigungsformen

Die Gig-Economy und die Plattformarbeit haben neue Beschäftigungsformen hervorgebracht, die die traditionelle Vorstellung von Vollzeitarbeit herausfordern.

Die Gig-Economy umfasst Arbeitsformen, bei denen Menschen kurzfristige, projektbasierte Aufträge annehmen, oft über digitale Plattformen wie Uber, Upwork oder Fiverr. Diese Arbeitsformen bieten den Arbeitnehmern eine hohe Flexibilität, da sie selbst entscheiden können, wann und wie viel sie arbeiten möchten. Für Unternehmen bietet die Gig-Economy die Möglichkeit, flexibel auf schwankende Arbeitskräftebedarfe zu reagieren und spezielle Fähigkeiten projektweise einzukaufen.

Während die Gig-Economy Flexibilität und Autonomie bietet, bringt sie auch Unsicherheiten mit sich. Gig-Arbeiter haben oft keinen Zugang zu traditionellen Arbeitnehmerrechten wie Krankenversicherung, bezahltem Urlaub oder Kündigungsschutz. Dies kann zu finanzieller Unsicherheit und einem höheren Stressniveau führen. Unternehmen und Regierungen müssen daher neue Regelungen und Sozialschutzmaßnahmen entwickeln, um die Rechte und den Schutz von Gig-Arbeitern zu stärken, ohne die Flexibilität der Gig-Economy einzuschränken.

Plattformarbeit, bei der digitale Plattformen als Vermittler zwischen Auftraggebern und Arbeitnehmern fungieren, hat das Potenzial, den Arbeitsmarkt grundlegend zu verändern. Diese Plattformen bieten Unternehmen Zugang zu einem globalen Pool an Talenten und ermöglichen es Arbeitnehmern, ihre Fähigkeiten weltweit anzubieten. Plattformarbeit kann jedoch auch zu einer Fragmentierung des Arbeitsmarktes führen und Fragen der sozialen Sicherheit, der Arbeitsbedingungen und der Regulierung aufwerfen. Es ist wichtig, dass Plattformen transparente und faire Bedingungen für alle Beteiligten schaffen.

# III.3 Demografischer Wandel und Vielfalt: Anpassung an eine alternde und diverse Belegschaft

Der demografische Wandel und die zunehmende Vielfalt in der Belegschaft stellen Unternehmen vor neue Herausforderungen und erfordern Anpassungen in der Personalpolitik.

## III.3.1 Alternde Belegschaft: Herausforderungen und Chancen

Der demografische Wandel führt dazu, dass die Belegschaften in vielen Ländern älter werden. Unternehmen müssen sich darauf einstellen, ältere Arbeitnehmer länger im Erwerbsleben zu halten und deren wertvolle Erfahrungen zu nutzen.

Eine alternde Belegschaft stellt Unternehmen vor Herausforderungen wie die Anpassung der Arbeitsplätze an die Bedürfnisse älterer Arbeitnehmer, die Gesundheitsvorsorge und die Bewältigung von altersbedingten Leistungseinschränkungen. Unternehmen müssen Strategien entwickeln, um die Arbeitsfähigkeit älterer Mitarbeiter zu erhalten und ihnen die Möglichkeit zu geben, ihre Erfahrungen und ihr Wissen an jüngere Generationen weiterzugeben.

Ältere Arbeitnehmer bringen wertvolle Erfahrungen, Wissen und soziale Kompetenzen mit, die für Unternehmen von großem Nutzen sein können. Unternehmen, die den Erfahrungsschatz ihrer älteren Mitarbeiter aktiv nutzen, können von deren tiefem Verständnis der Unternehmensprozesse, Kundenbeziehungen und Branchenentwicklungen profitieren. Mentoring-Programme, bei denen ältere Mitarbeiter ihre Erfahrungen an jüngere Kollegen weitergeben, können den Wissenstransfer fördern und zur langfristigen Wettbewerbsfähigkeit des Unternehmens beitragen.

Um den Bedürfnissen älterer Arbeitnehmer gerecht zu werden, können Unternehmen flexible Arbeitsmodelle anbieten, die Teilzeit, Homeoffice oder Job-Sharing ermöglichen. Diese Modelle tragen dazu bei, die Arbeitsbelastung zu reduzieren und die Work-Life-Balance zu verbessern, was zu einer längeren Verweildauer im Erwerbsleben führen kann. Unternehmen, die solche Modelle einführen, können die Produktivität und das Engagement ihrer älteren Mitarbeiter aufrechterhalten und gleichzeitig von deren Erfahrungen profitieren.

# III.3.2 Vielfalt und Inklusion: Der Wert von Diversität am Arbeitsplatz

Vielfalt und Inklusion sind wichtige Themen in der modernen Arbeitswelt. Unternehmen, die Diversität fördern, können von einer breiteren Perspektivenvielfalt und einem innovativeren Arbeitsumfeld profitieren.

Diversität am Arbeitsplatz bezieht sich auf die Einbeziehung von Menschen unterschiedlicher Geschlechter, ethnischer Herkunft, Religionen, Altersgruppen und Hintergründe. Unternehmen, die Diversität aktiv fördern, schaffen ein Umfeld, in dem unterschiedliche Perspektiven und Erfahrungen geschätzt werden. Dies kann zu innovativeren Ideen, besseren Entscheidungen und einer stärkeren Kundenorientierung führen.

Eine vielfältige Belegschaft bringt zahlreiche Vorteile mit sich, darunter eine größere Kreativität, eine bessere Problemlösungsfähigkeit und eine stärkere Anpassungsfähigkeit an Veränderungen. Unternehmen, die Diversität fördern, sind besser in der Lage, die Bedürfnisse einer vielfältigen Kundschaft zu verstehen und zu bedienen. Darüber hinaus kann ein diverses Team die Attraktivität des Unternehmens als Arbeitgeber steigern und helfen, die besten Talente anzuziehen und zu halten.

Inklusion bedeutet, dass alle Mitarbeiter unabhängig von ihren Unterschieden das Gefühl haben, geschätzt und respektiert zu werden. Unternehmen, die eine inklusive Kultur fördern, sorgen dafür, dass alle Mitarbeiter gleiche Chancen haben, sich zu entwickeln und ihre Karriere voranzutreiben. Inklusion ist ein wichtiger Erfolgsfaktor, da sie das Engagement und die Zufriedenheit der Mitarbeiter erhöht und dazu beiträgt, ein positives Arbeitsumfeld zu schaffen.

# III.4 Herausforderungen und Chancen der Zukunft der Arbeit: Strategien zur Anpassung

Die Zukunft der Arbeit bringt sowohl Herausforderungen als auch Chancen mit sich. Unternehmen und Arbeitnehmer müssen sich auf die Veränderungen vorbereiten und Strategien entwickeln, um erfolgreich in der neuen Arbeitswelt zu bestehen.

## III.4.1 Strategien für Unternehmen: Anpassung an den Wandel

Unternehmen müssen proaktive Strategien entwickeln, um den Herausforderungen der Zukunft der Arbeit zu begegnen und die sich bietenden Chancen zu nutzen.

Unternehmen sollten in neue Technologien investieren, um ihre Wettbewerbsfähigkeit zu sichern und innovative Geschäftsmodelle zu entwickeln. Die Einführung von Automatisierung, KI und anderen digitalen Technologien kann Unternehmen dabei helfen, ihre Effizienz zu steigern, neue Märkte zu erschließen und den Anforderungen einer sich schnell verändernden Arbeitswelt gerecht zu werden.

Eine flexible und agile Organisationsstruktur ist entscheidend, um auf Veränderungen im Arbeitsmarkt und in der Technologie schnell reagieren zu können. Unternehmen sollten Hierarchien abbauen, Entscheidungsprozesse beschleunigen und Teams befähigen, eigenverantwortlich zu handeln. Agile Arbeitsmethoden wie Scrum oder Kanban können dabei helfen, Projekte effizienter zu managen und die Anpassungsfähigkeit der Organisation zu erhöhen.

In einer sich ständig verändernden Arbeitswelt ist es wichtig, dass Unternehmen zu lernenden Organisationen werden, in denen kontinuierliche Weiterbildung und Wissensaustausch gefördert werden. Unternehmen sollten ihren Mitarbeitern Zugang zu Schulungs- und Weiterbildungsprogrammen bieten und eine Kultur des lebenslangen Lernens etablieren. Dies hilft, die Fähigkeiten der Belegschaft auf dem neuesten Stand zu halten und die Innovationskraft des Unternehmens zu stärken.

Die Employee Experience, also die Gesamterfahrung der Mitarbeiter im Unternehmen, wird zu einem entscheidenden Faktor für den Erfolg. Unternehmen sollten eine positive Unternehmenskultur schaffen, die auf Vertrauen, Wertschätzung und Zusammenhalt basiert. Dies kann durch flexible Arbeitsmodelle, attraktive Arbeitsbedingungen und eine klare Kommunikation gefördert werden. Eine starke Unternehmenskultur trägt dazu bei, die Zufriedenheit und das Engagement der Mitarbeiter zu erhöhen und die Fluktuation zu reduzieren.

# III.4.2 Strategien für Arbeitnehmer: Vorbereitung auf die Arbeitswelt von morgen

Auch Arbeitnehmer müssen sich aktiv auf die Veränderungen in der Arbeitswelt vorbereiten und Strategien entwickeln, um in der neuen Arbeitswelt erfolgreich zu sein.

In einer sich schnell verändernden Arbeitswelt ist lebenslanges Lernen unerlässlich. Arbeitnehmer sollten bereit sein, sich kontinuierlich weiterzubilden und neue Fähigkeiten zu erwerben, um ihre Beschäftigungsfähigkeit zu erhalten. Dies kann durch die Teilnahme an Schulungen, Online-Kursen oder Zertifizierungsprogrammen geschehen. Die Bereitschaft, sich ständig weiterzuentwickeln, ist ein wichtiger Erfolgsfaktor in der modernen Arbeitswelt.

Berufliche Netzwerke spielen eine entscheidende Rolle bei der Karriereentwicklung. Arbeitnehmer sollten aktiv daran arbeiten, ihre beruflichen Kontakte zu pflegen und auszubauen, um Zugang zu neuen Karrieremöglichkeiten und wertvollen Ressourcen zu erhalten. Networking-Plattformen wie LinkedIn bieten eine gute Möglichkeit, sich mit Fachleuten aus der Branche zu vernetzen und auf dem Laufenden zu bleiben.

Anpassungsfähigkeit und Resilienz sind wichtige Fähigkeiten, um in einer unsicheren und sich verändernden Arbeitswelt erfolgreich zu sein. Arbeitnehmer sollten bereit sein, sich schnell an neue Arbeitsbedingungen und Anforderungen anzupassen und aus Herausforderungen zu lernen. Resilienz, also die Fähigkeit, mit Rückschlägen umzugehen und gestärkt daraus hervorzugehen, ist entscheidend, um langfristig erfolgreich zu sein.

In einer zunehmend flexiblen Arbeitswelt ist es wichtig, dass Arbeitnehmer ihre Zeit und Aufgaben effektiv managen und eine gesunde Work-Life-Balance aufrechterhalten. Selbstmanagementfähigkeiten wie Zeitmanagement, Priorisierung und Stressbewältigung sind entscheidend, um produktiv zu bleiben und gleichzeitig das persönliche Wohlbefinden zu sichern. Eine gute Work-Life-Balance trägt dazu bei, die langfristige Gesundheit und Zufriedenheit der Arbeitnehmer zu fördern.

# IV. Globale wirtschaftliche Herausforderungen: Klimawandel, Ungleichheit und geopolitische Risiken

Die globalen wirtschaftlichen Herausforderungen des 21. Jahrhunderts sind komplex und miteinander verwoben. Der Klimawandel, wachsende Ungleichheit und geopolitische Risiken stellen nicht nur die wirtschaftliche Stabilität, sondern auch den sozialen Zusammenhalt und die globale Sicherheit vor große Herausforderungen. Dieses Kapitel untersucht diese zentralen Themen und ihre Auswirkungen auf die Weltwirtschaft.

## IV.1 Klimawandel und Wirtschaft: Bedrohung und Anpassungsstrategien

Der Klimawandel ist eine der größten Herausforderungen, denen die Weltwirtschaft heute gegenübersteht. Seine Auswirkungen sind bereits spürbar und werden in den kommenden Jahrzehnten voraussichtlich zunehmen. Unternehmen, Regierungen und internationale Organisationen müssen Strategien entwickeln, um sich an diese Veränderungen anzupassen und die globalen Klimaziele zu erreichen.

### IV.1.1 Wirtschaftliche Auswirkungen des Klimawandels: Risiken und Kosten

Der Klimawandel hat tiefgreifende wirtschaftliche Auswirkungen, die sich auf verschiedene Sektoren und Regionen unterschiedlich auswirken. Zu den wichtigsten Risiken gehören extreme Wetterereignisse, steigende Meeresspiegel, veränderte Niederschlagsmuster und eine erhöhte Häufigkeit von Naturkatastrophen.

47

Der Klimawandel bedroht die Landwirtschaft weltweit, indem er die Bedingungen für den Anbau von Nahrungsmitteln verschlechtert. Veränderte Niederschlagsmuster, häufigere Dürren und Überschwemmungen sowie extreme Temperaturen führen zu Ernteausfällen und sinkenden landwirtschaftlichen Erträgen. Dies bedroht die Nahrungsmittelsicherheit, insbesondere in Entwicklungsländern, und könnte zu steigenden Lebensmittelpreisen und sozialen Unruhen führen.

Unternehmen und Volkswirtschaften sehen sich durch den Klimawandel erheblichen Kosten gegenüber. Schäden an Infrastruktur, Unterbrechungen in der Lieferkette und Produktionsausfälle aufgrund extremer Wetterereignisse belasten die Wirtschaft. Darüber hinaus steigen die Versicherungskosten, und Investoren fordern zunehmend, dass Unternehmen ihre Klima- und Umweltrisiken offenlegen. Die wirtschaftlichen Kosten des Klimawandels könnten in den kommenden Jahrzehnten erheblich steigen, wenn keine wirksamen Maßnahmen ergriffen werden, um die globalen Treibhausgasemissionen zu reduzieren.

Der Klimawandel stellt auch eine Gefahr für die Finanzstabilität dar. Klimabedingte Risiken können die Stabilität des Finanzsystems untergraben, indem sie die Bewertung von Vermögenswerten verändern, die Rentabilität von Unternehmen beeinträchtigen und das Vertrauen der Investoren erschüttern. Zentralbanken und Finanzaufsichtsbehörden beginnen, diese Risiken zu berücksichtigen und Maßnahmen zu ergreifen, um das Finanzsystem widerstandsfähiger gegen die Auswirkungen des Klimawandels zu machen.

## IV.1.2 Anpassung an den Klimawandel: Unternehmens- und Regierungspolitiken

Um den Herausforderungen des Klimawandels zu begegnen, müssen Unternehmen und Regierungen Anpassungsstrategien entwickeln und umsetzen.

Unternehmen können eine Reihe von Anpassungsstrategien implementieren, um sich auf die Auswirkungen des Klimawandels vorzubereiten. Dazu gehören Investitionen in klimasichere Infrastruktur, die Diversifizierung von Lieferketten, die Einführung von Wassermanagementsystemen und die Verbesserung der Energieeffizienz. Unternehmen sollten auch Klimarisiken in ihre strategische Planung und Risikomanagementprozesse integrieren, um ihre Widerstandsfähigkeit zu stärken.

Regierungen spielen eine zentrale Rolle bei der Förderung von Anpassungsmaßnahmen. Sie können durch Gesetze, Anreize und Investitionen sicherstellen, dass Unternehmen und Gemeinden auf die Herausforderungen des Klimawandels vorbereitet sind. Dies umfasst den Bau von Schutzinfrastrukturen, die Förderung von Forschung und Entwicklung im Bereich Klimaanpassung und die Unterstützung von Gemeinschaften, die besonders anfällig für die Auswirkungen des Klimawandels sind.

Der Klimawandel erfordert eine starke internationale Zusammenarbeit, insbesondere bei der Finanzierung von Anpassungsmaßnahmen in Entwicklungsländern, die am stärksten von den Auswirkungen des Klimawandels betroffen sind. Internationale Abkommen wie das Pariser Abkommen spielen eine wichtige Rolle bei der Koordinierung globaler Anpassungsstrategien und der Bereitstellung von Finanzmitteln für die Länder, die sie am dringendsten benötigen.

# IV.2 Globale Ungleichheit: Ursachen, Folgen und Lösungen

Die wachsende Ungleichheit zwischen und innerhalb von Ländern stellt eine erhebliche Bedrohung für den sozialen Zusammenhalt, die politische Stabilität und das nachhaltige Wirtschaftswachstum dar. Es ist entscheidend, die Ursachen der Ungleichheit zu verstehen und Lösungen zu entwickeln, um sie zu verringern.

# IV.2.1 Einkommens- und Vermögensungleichheit: Trends und Auswirkungen

Die Einkommens- und Vermögensungleichheit hat in den letzten Jahrzehnten weltweit zugenommen. Diese Entwicklung hat tiefgreifende soziale, wirtschaftliche und politische Folgen.

Obwohl die globale Armut in den letzten Jahrzehnten zurückgegangen ist, hat die Ungleichheit innerhalb vieler Länder zugenommen. In entwickelten Ländern haben sich die Einkommen der obersten 10 % deutlich schneller erhöht als die der übrigen Bevölkerung. In vielen Entwicklungsländern bleibt der Wohlstand stark konzentriert, und große Teile der Bevölkerung leben weiterhin in Armut. Die COVID-19-Pandemie hat diese Ungleichheiten noch verschärft, indem sie insbesondere die ärmeren und verletzlicheren Bevölkerungsgruppen überproportional getroffen hat.

Hohe Ungleichheit kann das Wirtschaftswachstum hemmen, da sie die soziale Mobilität einschränkt, den Zugang zu Bildung und Gesundheitsdiensten für die weniger Begünstigten reduziert und soziale Spannungen verstärkt. Ungleichheit kann auch das Vertrauen in staatliche Institutionen und die Demokratie untergraben, indem sie das Gefühl der Ungerechtigkeit und des Ausschlusses verstärkt. Dies kann zu politischer Instabilität und sozialen Unruhen führen, die das wirtschaftliche Umfeld weiter destabilisieren.

Die Ursachen der Ungleichheit sind vielfältig und umfassen technologische Veränderungen, die Globalisierung, Bildungsunterschiede, Steuerpolitik und strukturelle Diskriminierung. Technologische Innovationen und die Globalisierung haben in vielen Fällen zu einer Polarisierung der Arbeitsmärkte geführt, bei der hochqualifizierte Arbeitskräfte profitieren, während weniger qualifizierte Arbeitskräfte zurückbleiben. Die Steuer- und Sozialpolitik spielt ebenfalls eine entscheidende Rolle bei der Verteilung des Wohlstands innerhalb einer Gesellschaft.

# IV.3 Maßnahmen zur Verringerung der Ungleichheit: Politische und wirtschaftliche Strategien

Es gibt verschiedene Ansätze, um die Ungleichheit zu verringern und eine gerechtere Verteilung des Wohlstands zu erreichen.

Eine wirksame Umverteilungspolitik kann dazu beitragen, Einkommensungleichheit zu verringern. Progressive Steuersysteme, die hohe Einkommen stärker besteuern, und soziale Transferleistungen, die die Einkommenssicherheit für die ärmeren Bevölkerungsschichten verbessern, sind zentrale Instrumente zur Reduzierung der Ungleichheit. Darüber hinaus können gezielte Subventionen und Sozialprogramme dazu beitragen, den Zugang zu Bildung, Gesundheitsversorgung und Wohnraum zu verbessern und so langfristig die Ungleichheit zu verringern.

Bildung ist ein Schlüssel zur Verringerung von Ungleichheit. Investitionen in hochwertige Bildungssysteme, die allen Kindern unabhängig von ihrem sozialen Hintergrund zugutekommen, sind entscheidend, um Chancengleichheit zu schaffen. Frühkindliche Bildung, Schulbildung und berufliche Ausbildung sollten so gestaltet werden, dass sie die Fähigkeiten und Kompetenzen fördern, die auf dem Arbeitsmarkt gefragt sind. Chancengleichheit in der Bildung kann langfristig dazu beitragen, die Kluft zwischen verschiedenen sozialen Gruppen zu verringern.

Inklusives Wachstum bedeutet, dass die Vorteile des Wirtschaftswachstums breiter in der Gesellschaft verteilt werden. Dies erfordert eine Wirtschaftspolitik, die darauf abzielt, Arbeitsplätze zu schaffen, die Löhne zu erhöhen und den Zugang zu wirtschaftlichen Möglichkeiten zu verbessern. Der Zugang zu Krediten und Kapital für benachteiligte Gruppen, die Förderung von Unternehmertum und die Unterstützung kleiner und mittlerer Unternehmen (KMU) sind entscheidend, um das Wachstum inklusiver zu gestalten.

Die Bekämpfung der globalen Ungleichheit erfordert internationale Zusammenarbeit. Länder müssen zusammenarbeiten, um globale Mindeststandards in Bereichen wie Arbeitsrechte, Steuerpolitik und Umweltschutz zu schaffen. Internationale Organisationen wie die Vereinten Nationen und die Weltbank spielen eine wichtige Rolle bei der Förderung von Strategien zur Verringerung der Ungleichheit und der Unterstützung von Entwicklungsländern bei ihren Bemühungen, Armut zu bekämpfen und Chancengleichheit zu schaffen.

# IV.4 Geopolitische Risiken: Globale Spannungen und ihre wirtschaftlichen Auswirkungen

Geopolitische Risiken stellen eine zunehmende Bedrohung für die globale Wirtschaft dar. Konflikte, politische Instabilität und wirtschaftliche Sanktionen können erhebliche Auswirkungen auf den internationalen Handel, Investitionen und die Stabilität der Finanzmärkte haben.

## IV.4.1 Handelskonflikte und Protektionismus: Auswirkungen auf die Weltwirtschaft

In den letzten Jahren haben sich Handelskonflikte und protektionistische Tendenzen verstärkt, was die internationale Wirtschaftsordnung herausfordert.

Handelskonflikte, wie der Handelsstreit zwischen den USA und China, haben weitreichende Auswirkungen auf die globale Wirtschaft. Zölle, Handelsbeschränkungen und Sanktionen können den internationalen Handel hemmen, die Produktionskosten erhöhen und zu Unsicherheiten in den Lieferketten führen. Unternehmen müssen ihre Lieferketten anpassen und alternative Märkte suchen, um die negativen Auswirkungen von Handelskonflikten zu minimieren. Langfristig können Handelskonflikte das Wirtschaftswachstum verlangsamen und das Vertrauen in die globale Handelspolitik untergraben.

Protektionistische Maßnahmen, die darauf abzielen, heimische Industrien vor ausländischer Konkurrenz zu schützen, können kurzfristig wirtschaftliche Vorteile bieten, indem sie Arbeitsplätze sichern und die Binnennachfrage stärken. Langfristig können sie jedoch zu ineffizienten Märkten, höheren Verbraucherpreisen und geringerer Innovationskraft führen. Protektionismus kann auch zu Vergeltungsmaßnahmen anderer Länder führen, was zu einer Eskalation von Handelskonflikten und einem Rückgang des globalen Handels führt. In einer globalisierten Weltwirtschaft ist Protektionismus keine nachhaltige Strategie und kann die wirtschaftliche Stabilität gefährden.

Um den negativen Auswirkungen von Handelskonflikten und Protektionismus entgegenzuwirken, sind multilaterale Handelsabkommen und internationale Zusammenarbeit von entscheidender Bedeutung. Handelsabkommen wie das Abkommen über die Transpazifische Partnerschaft (TPP) oder das Handels- und Kooperationsabkommen zwischen der EU und Großbritannien fördern den freien Handel, reduzieren Handelshemmnisse und schaffen stabile Rahmenbedingungen für Unternehmen. Internationale Organisationen wie die Welthandelsorganisation (WTO) spielen eine wichtige Rolle bei der Überwachung von Handelspraktiken und der Beilegung von Handelsstreitigkeiten.

## IV.4.2 Politische Instabilität und Konflikte: Herausforderungen für Unternehmen und Investoren

Politische Instabilität und Konflikte können die wirtschaftliche Lage in betroffenen Regionen stark beeinträchtigen und Risiken für Unternehmen und Investoren mit sich bringen.

Politische Instabilität, sei es durch Regierungswechsel, Korruption, Bürgerkriege oder Terrorismus, kann die wirtschaftliche Entwicklung eines Landes erheblich beeinträchtigen. Unternehmen sehen sich in solchen Situationen mit Unsicherheit, höherem Risiko und möglicherweise mit rechtlichen und regulatorischen Herausforderungen konfrontiert. Investitionen können zurückgehen, und die Wirtschaftsaktivität kann stagnieren oder sogar schrumpfen, was zu Arbeitslosigkeit und sozialen Spannungen führen kann.

Unternehmen, die in politisch instabilen Regionen tätig sind, müssen robuste Risikomanagementstrategien entwickeln. Dazu gehört die Diversifizierung von Investitionen, die Sicherung von Vermögenswerten und der Aufbau von Beziehungen zu lokalen Akteuren. Unternehmen sollten auch politische Risiken in ihre Investitionsentscheidungen einbeziehen und Szenarien für unterschiedliche Entwicklungen planen. Eine enge Zusammenarbeit mit internationalen Organisationen und Regierungen kann dazu beitragen, Risiken zu mindern und den Betrieb in unsicheren Umgebungen aufrechtzuerhalten.

Geopolitische Risiken können auch globale Investitionsströme beeinflussen. Investoren könnten Kapital aus unsicheren Regionen abziehen und in stabilere Märkte umschichten, was zu Währungsabwertungen und Kapitalflucht in den betroffenen Ländern führen kann. Solche Entwicklungen können die wirtschaftliche Lage weiter verschlechtern und das Vertrauen in die betroffenen Länder untergraben. Regierungen und internationale Organisationen müssen zusammenarbeiten, um die Stabilität in konfliktbetroffenen Regionen wiederherzustellen und das Vertrauen der Investoren zurückzugewinnen.

# IV.5 Lösungen für globale Herausforderungen: Internationale Zusammenarbeit und nachhaltige Entwicklung

Die globalen wirtschaftlichen Herausforderungen erfordern eine koordinierte internationale Zusammenarbeit und den Einsatz für nachhaltige Entwicklung, um langfristige Lösungen zu finden und globale Stabilität zu gewährleisten.

## IV.5.1 Die Rolle internationaler Institutionen: UN, IWF, Weltbank und WTO

Internationale Institutionen spielen eine entscheidende Rolle bei der Bewältigung globaler Herausforderungen und der Förderung von Frieden, Stabilität und nachhaltiger Entwicklung.

Die Vereinten Nationen (UN) setzen sich für Frieden, Sicherheit und Menschenrechte ein und spielen eine wichtige Rolle bei der Koordinierung internationaler Bemühungen zur Bekämpfung von Armut, Ungleichheit und Klimawandel. Die UN-Organisationen wie das Entwicklungsprogramm der Vereinten Nationen (UNDP) und das Umweltprogramm der Vereinten Nationen (UNEP) unterstützen Länder bei der Umsetzung nachhaltiger Entwicklungsstrategien und der Anpassung an den Klimawandel.

Der Internationale Währungsfonds (IWF) und die Weltbank sind zentrale Akteure im globalen Finanzsystem. Der IWF unterstützt Länder in finanziellen Schwierigkeiten durch Kredite und wirtschaftspolitische Beratung, während die Weltbank Entwicklungsprojekte finanziert, die Armut reduzieren und das Wirtschaftswachstum fördern sollen. Beide Institutionen spielen eine Schlüsselrolle bei der Stabilisierung der Weltwirtschaft und der Förderung nachhaltiger Entwicklung.

Die Welthandelsorganisation (WTO) fördert den freien und fairen Handel zwischen den Nationen und trägt zur Beilegung von Handelsstreitigkeiten bei. Die WTO setzt sich für die Reduzierung von Handelshemmnissen ein und fördert den Zugang von Entwicklungsländern zu globalen Märkten. Durch die Schaffung von Handelsregeln und die Überwachung ihrer Einhaltung trägt die WTO zur Stabilität und Vorhersehbarkeit des globalen Handelssystems bei.

## IV.5.2 Nachhaltige Entwicklungsziele (SDGs): Ein globaler Rahmen für nachhaltige Entwicklung

Die Nachhaltigen Entwicklungsziele (Sustainable Development Goals, SDGs) der Vereinten Nationen bieten einen umfassenden Rahmen für die Förderung von Frieden, Wohlstand und Umweltschutz weltweit.

Die SDGs bestehen aus 17 Zielen, die bis 2030 erreicht werden sollen, darunter die Beseitigung von Armut, der Zugang zu hochwertiger Bildung, die Gleichstellung der Geschlechter, der Schutz der Umwelt und die Förderung nachhaltiger Wirtschaftswachstums. Die SDGs bieten eine gemeinsame Agenda für Regierungen, Unternehmen, Zivilgesellschaft und internationale Organisationen, um globale Herausforderungen anzugehen und eine nachhaltige Zukunft für alle zu schaffen.

Unternehmen spielen eine zentrale Rolle bei der Erreichung der SDGs, indem sie nachhaltige Geschäftspraktiken fördern, in umweltfreundliche Technologien investieren und soziale Verantwortung übernehmen. Unternehmen können zur Umsetzung der SDGs beitragen, indem sie ihre Geschäftstätigkeit auf die Ziele ausrichten, Partnerschaften mit Regierungen und NGOs eingehen und innovative Lösungen für globale Herausforderungen entwickeln. Durch die Integration der SDGs in ihre Geschäftsstrategie können Unternehmen nicht nur zur nachhaltigen Entwicklung beitragen, sondern auch neue Geschäftsmöglichkeiten erschließen und ihr langfristiges Wachstum sichern.

Die Umsetzung der SDGs erfordert eine enge Zusammenarbeit zwischen Regierungen, Unternehmen, internationalen Organisationen und der Zivilgesellschaft. Partnerschaften sind entscheidend, um die Ressourcen und das Know-how zu bündeln, die für die Erreichung der Ziele erforderlich sind. Internationale Zusammenarbeit auf verschiedenen Ebenen – von globalen Abkommen bis hin zu lokalen Initiativen – ist notwendig, um Fortschritte zu erzielen und sicherzustellen, dass niemand zurückgelassen wird.

# IV.5.3 Zukunftsperspektiven: Eine nachhaltige und gerechte Weltwirtschaft

Die Bewältigung der globalen wirtschaftlichen Herausforderungen erfordert einen tiefgreifenden Wandel hin zu einer nachhaltigen und gerechten Weltwirtschaft.

Die globalen Herausforderungen des Klimawandels, der Ungleichheit und der geopolitischen Spannungen bieten auch die Möglichkeit, die Weltwirtschaft neu zu gestalten. Eine Transformation hin zu einer nachhaltigen Wirtschaft erfordert Innovation, Investitionen in grüne Technologien, die Förderung sozialer Gerechtigkeit und die Stärkung internationaler Zusammenarbeit. Unternehmen, Regierungen und die Zivilgesellschaft müssen gemeinsam daran arbeiten, eine Wirtschaft zu schaffen, die widerstandsfähig, inklusiv und ökologisch nachhaltig ist.

Resilienz und Anpassungsfähigkeit werden in einer sich ständig verändernden Weltwirtschaft immer wichtiger. Unternehmen und Länder müssen in der Lage sein, auf wirtschaftliche, ökologische und soziale Schocks zu reagieren und sich an veränderte Bedingungen anzupassen. Investitionen in Bildung, Technologie und Infrastruktur sind entscheidend, um die Resilienz zu stärken und die Grundlagen für langfristiges Wachstum und Wohlstand zu legen.

Die nächste Generation von Führungskräften, Unternehmern und Bürgern wird eine entscheidende Rolle bei der Gestaltung einer nachhaltigen Zukunft spielen. Es ist wichtig, junge Menschen in die Diskussion über globale Herausforderungen einzubeziehen und ihnen die Werkzeuge und Fähigkeiten zu vermitteln, die sie benötigen, um positive Veränderungen zu bewirken. Bildung, Engagement und Empowerment sind der Schlüssel, um die nächste Generation darauf vorzubereiten, die Herausforderungen der Zukunft zu meistern und eine gerechtere und nachhaltigere Welt zu schaffen.

# V. Technologische Revolutionen: Auswirkungen auf Wirtschaft und Gesellschaft

Die technologische Revolution des 21. Jahrhunderts verändert die Wirtschaft und Gesellschaft tiefgreifend. Künstliche Intelligenz, Robotik, Biotechnologie, Quantencomputing und andere bahnbrechende Technologien eröffnen neue Möglichkeiten, stellen jedoch auch Herausforderungen für bestehende Strukturen und Werte dar. In diesem Kapitel werden die wichtigsten technologischen Entwicklungen und ihre Auswirkungen auf Wirtschaft und Gesellschaft untersucht.

## V.1 Künstliche Intelligenz und Automatisierung: Chancen und Risiken

Künstliche Intelligenz (KI) und Automatisierung stehen im Mittelpunkt der technologischen Revolution. Diese Technologien versprechen, die Produktivität zu steigern, neue Märkte zu schaffen und das Leben der Menschen zu verbessern, werfen jedoch auch Fragen zur Zukunft der Arbeit, Ethik und sozialen Gerechtigkeit auf.

### V.1.1 Fortschritte in der Künstlichen Intelligenz: Anwendungsfelder und Potenziale

Künstliche Intelligenz hat in den letzten Jahren erhebliche Fortschritte gemacht und ist in immer mehr Bereichen des täglichen Lebens und der Wirtschaft präsent.

Künstliche Intelligenz wird in einer Vielzahl von Branchen eingesetzt, darunter Gesundheitswesen, Finanzen, Logistik, Handel und Produktion. Im Gesundheitswesen ermöglicht KI die Entwicklung präziser Diagnosetools und personalisierter Therapien. In der Finanzbranche wird KI genutzt, um Risiken zu bewerten, den Handel zu automatisieren und Betrug zu erkennen. Im Logistik- und Transportsektor trägt KI zur Optimierung von Lieferketten und zur Entwicklung autonomer Fahrzeuge bei.

Die Potenziale der KI sind enorm. Sie kann die Produktivität erheblich steigern, indem sie Prozesse automatisiert und Entscheidungen optimiert. KI kann auch dazu beitragen, komplexe Probleme zu lösen, etwa durch die Analyse großer Datenmengen, die Entwicklung neuer Medikamente oder die Verbesserung der Ressourceneffizienz in der Industrie. Für die Gesellschaft bietet KI die Möglichkeit, den Zugang zu Bildung und Gesundheitsdiensten zu verbessern, das Verkehrsmanagement zu optimieren und den Energieverbrauch zu reduzieren.

Trotz der großen Potenziale wirft der Einsatz von KI auch Herausforderungen auf. Dazu gehören Bedenken hinsichtlich Datenschutz, Sicherheit und Fairness. KI-Systeme können voreingenommen sein, wenn sie auf diskriminierenden Daten basieren, was zu ungerechten Entscheidungen führen kann. Darüber hinaus gibt es ethische Fragen im Zusammenhang mit der Autonomie von KI-Systemen, insbesondere in Bereichen wie autonomes Fahren oder die Entscheidungsfindung in der Strafjustiz. Es ist entscheidend, dass KI-Entwickler und -Anwender ethische Leitlinien befolgen und sicherstellen, dass KI-Systeme transparent und fair sind.

## V.1.2 Automatisierung und Arbeitsmarkt: Zukunft der Arbeit

Automatisierung ist eine treibende Kraft des technologischen Wandels und verändert die Arbeitswelt grundlegend. Während Automatisierung die Effizienz und Produktivität steigert, stellt sie auch bestehende Beschäftigungsmodelle infrage.

Die Automatisierung führt dazu, dass viele Routineaufgaben, die bisher von Menschen erledigt wurden, durch Maschinen übernommen werden. Dies betrifft insbesondere Tätigkeiten in der Fertigung, im Einzelhandel, in der Logistik und im Verwaltungsbereich. Während einige Arbeitsplätze wegfallen, entstehen gleichzeitig neue Beschäftigungsmöglichkeiten in den Bereichen Technologie, Datenanalyse und Maschinenwartung. Die Automatisierung erfordert von den Arbeitnehmern jedoch eine höhere Qualifikation und die Bereitschaft, sich kontinuierlich weiterzubilden.

Die Zukunft der Arbeit wird durch flexible Arbeitsmodelle und lebenslanges Lernen geprägt sein. Arbeitnehmer müssen sich auf kontinuierliche Veränderungen einstellen und neue Fähigkeiten erwerben, um in einer automatisierten Arbeitswelt erfolgreich zu sein. Unternehmen sind gefordert, in die Weiterbildung ihrer Mitarbeiter zu investieren und neue Arbeitsmodelle zu entwickeln, die den Anforderungen der digitalen Wirtschaft gerecht werden. Dies umfasst auch die Förderung von Kreativität, Problemlösungsfähigkeiten und emotionaler Intelligenz, die Maschinen nicht leisten können.

Die Automatisierung wirft auch soziale und politische Fragen auf. Es besteht die Gefahr, dass Ungleichheiten auf dem Arbeitsmarkt zunehmen, wenn bestimmte Berufsgruppen von der Automatisierung stärker betroffen sind als andere. Regierungen und Unternehmen müssen Maßnahmen ergreifen, um den Übergang in die automatisierte Arbeitswelt sozialverträglich zu gestalten. Dies kann durch Umschulungsprogramme, soziale Sicherungssysteme und die Förderung neuer Beschäftigungsformen geschehen. Darüber hinaus ist eine breite gesellschaftliche Debatte erforderlich, um die sozialen Implikationen der Automatisierung zu verstehen und geeignete politische Maßnahmen zu entwickeln.

# V.2 Biotechnologie und Genomik: Revolution in der Medizin und Landwirtschaft

Die Fortschritte in der Biotechnologie und Genomik eröffnen neue Möglichkeiten in der Medizin, der Landwirtschaft und anderen Bereichen. Diese Technologien haben das Potenzial, das Leben von Millionen von Menschen zu verbessern, werfen jedoch auch ethische und regulatorische Fragen auf.

## V.2.1 Genom-Editierung und personalisierte Medizin: Chancen und Herausforderungen

Die Genom-Editierung und die personalisierte Medizin sind zwei der vielversprechendsten Entwicklungen in der modernen Medizin.

Die CRISPR-Technologie hat die Genom-Editierung revolutioniert und ermöglicht es Wissenschaftlern, DNA gezielt zu verändern. Diese Technologie bietet enorme Potenziale für die Heilung genetischer Krankheiten, die Entwicklung neuer Therapien und die Verbesserung von Pflanzen und Tieren in der Landwirtschaft. CRISPR kann genutzt werden, um genetische Mutationen zu korrigieren, die für schwere Krankheiten wie Mukoviszidose oder Sichelzellenanämie verantwortlich sind. Darüber hinaus kann die Technologie dazu beitragen, Pflanzen resistenter gegen Schädlinge und klimatische Veränderungen zu machen.

Die personalisierte Medizin nutzt genetische Informationen, um maßgeschneiderte Behandlungspläne für Patienten zu entwickeln. Durch die Analyse des Genoms eines Patienten können Ärzte die am besten geeigneten Medikamente und Therapien auswählen, die den individuellen genetischen Merkmalen entsprechen. Dies führt zu einer höheren Wirksamkeit der Behandlungen und reduziert das Risiko von Nebenwirkungen. Die personalisierte Medizin steht noch am Anfang, hat aber das Potenzial, die Art und Weise, wie Krankheiten behandelt werden, grundlegend zu verändern.

Die Fortschritte in der Genom-Editierung und personalisierten Medizin werfen erhebliche ethische und regulatorische Fragen auf. Dazu gehört die Sorge, dass genetische Modifikationen missbraucht werden könnten, etwa zur Schaffung „designer babies" oder zur Verstärkung sozialer Ungleichheiten. Es gibt auch Bedenken hinsichtlich der Sicherheit und Langzeitfolgen von Genom-Editierungen. Regierungen und internationale Organisationen müssen klare Richtlinien und Gesetze entwickeln, um sicherzustellen, dass diese Technologien verantwortungsvoll genutzt werden.

## V.2.2 Biotechnologie in der Landwirtschaft: Nachhaltigkeit und Ernährungssicherheit

Die Biotechnologie spielt eine wichtige Rolle bei der Sicherstellung der Ernährungssicherheit und der Förderung nachhaltiger landwirtschaftlicher Praktiken.

Gentechnisch veränderte Organismen (GVOs) sind Pflanzen oder Tiere, deren genetisches Material durch Biotechnologie verändert wurde, um bestimmte gewünschte Eigenschaften zu erreichen. GVOs werden häufig in der Landwirtschaft eingesetzt, um Pflanzen widerstandsfähiger gegen Schädlinge, Krankheiten und klimatische Bedingungen zu machen. Dies kann zu höheren Erträgen und einer besseren Versorgungssicherheit führen. Trotz der Vorteile von GVOs gibt es Bedenken hinsichtlich ihrer Sicherheit, ihrer Auswirkungen auf die Umwelt und ihrer Akzeptanz in der Gesellschaft.

Biotechnologie kann dazu beitragen, die Landwirtschaft nachhaltiger zu gestalten, indem sie den Einsatz von Pestiziden und Düngemitteln reduziert und die Ressourceneffizienz verbessert. Durch die Entwicklung von Pflanzen, die weniger Wasser oder Nährstoffe benötigen, kann die Landwirtschaft an die Herausforderungen des Klimawandels angepasst werden. Zudem können biotechnologische Verfahren dazu

beitragen, den Nährstoffgehalt von Pflanzen zu erhöhen, was die Er-
nährungsqualität verbessert und zur Bekämpfung von Mangelernäh-
rung beitragen kann.

Die Regulierung von GVOs und anderen biotechnologischen Innovationen in der Landwirtschaft ist komplex und variiert je nach Land.
Während einige Länder den Einsatz von GVOs stark regulieren oder
verbieten, fördern andere ihre Entwicklung und Anwendung. Die öffentliche Akzeptanz von GVOs ist ebenfalls unterschiedlich, wobei in
einigen Regionen Bedenken hinsichtlich der Sicherheit und Umwelt-
verträglichkeit überwiegen. Eine transparente Kommunikation und
eine solide wissenschaftliche Basis sind entscheidend, um das Vertrauen der Öffentlichkeit in biotechnologische Innovationen zu
stärken.

# V.3 Quantencomputing und neue Technologien: Zukunftsperspektiven und Herausforderungen

Quantencomputing und andere aufstrebende Technologien wie Nanotechnologie und 3D-Druck haben das Potenzial, die Wirtschaft und
Gesellschaft in den kommenden Jahrzehnten grundlegend zu
verändern.

## V.3.1 Quantencomputing: Eine neue Ära der Datenverarbeitung

Quantencomputing ist eine revolutionäre Technologie, die die Art
und Weise, wie wir Probleme lösen und Daten verarbeiten, grundlegend verändern könnte.

Im Gegensatz zu klassischen Computern, die Informationen in Bits
speichern (0 oder 1), verwendet Quantencomputing Qubits, die meh-

rere Zustände gleichzeitig annehmen können. Dies ermöglicht es Quantencomputern, viele Berechnungen parallel durchzuführen und bestimmte Probleme exponentiell schneller zu lösen als klassische Computer. Quantencomputing ist besonders vielversprechend für Anwendungen in den Bereichen Kryptographie, Materialwissenschaften, Optimierung und maschinelles Lernen.

Quantencomputing könnte neue Möglichkeiten in der Entwicklung von Medikamenten, der Verbesserung von Logistiksystemen, der Lösung komplexer mathematischer Probleme und der Verbesserung der Cybersicherheit eröffnen. In der Kryptographie könnte Quantencomputing jedoch auch eine Bedrohung darstellen, da es die Fähigkeit hat, viele der derzeit verwendeten Verschlüsselungsmethoden zu durchbrechen. Dies erfordert die Entwicklung neuer kryptographischer Verfahren, die gegen Quantenangriffe resistent sind.

Trotz der enormen Potenziale steht Quantencomputing noch vor erheblichen technischen Herausforderungen. Dazu gehören die Fehlerkorrektur, die Stabilität der Qubits und die Skalierbarkeit der Systeme. Forschungseinrichtungen und Unternehmen investieren jedoch stark in die Entwicklung dieser Technologie, und erste kommerzielle Anwendungen könnten in den nächsten Jahren Realität werden. Die Kommerzialisierung von Quantencomputing wird erhebliche Auswirkungen auf viele Branchen haben und die Art und Weise, wie wir Probleme lösen und Entscheidungen treffen, revolutionieren.

## V.3.2 Nanotechnologie und Materialwissenschaften: Neue Möglichkeiten und Anwendungen

Die Nanotechnologie und Materialwissenschaften eröffnen neue Möglichkeiten für die Entwicklung fortschrittlicher Materialien mit einzigartigen Eigenschaften.

Die Nanotechnologie befasst sich mit der Manipulation von Materie auf atomarer oder molekularer Ebene, um Materialien mit spezifischen Eigenschaften zu erzeugen. Diese Technologie hat Anwendungen in verschiedenen Bereichen, darunter Elektronik, Medizin, Energie und Umwelt. Beispielsweise können Nanomaterialien verwendet werden, um leistungsfähigere Batterien, effizientere Solarzellen oder fortschrittliche medizinische Diagnoseverfahren zu entwickeln.

Die Fortschritte in der Materialwissenschaft ermöglichen die Entwicklung neuer Materialien mit verbesserten Eigenschaften, wie Leichtbauwerkstoffen, Superlegierungen oder Supraleitern. Diese Materialien können in der Luft- und Raumfahrt, im Automobilbau, in der Elektronik und in vielen anderen Branchen eingesetzt werden. Die Fähigkeit, Materialien auf atomarer Ebene zu manipulieren, eröffnet völlig neue Möglichkeiten für Innovationen in der Technologie und Industrie.

Die Entwicklung und Anwendung neuer Materialien und Nanotechnologien wirft auch Herausforderungen und ethische Fragen auf. Dazu gehören Bedenken hinsichtlich der Sicherheit von Nanomaterialien, ihrer Auswirkungen auf die Umwelt und der langfristigen Folgen ihres Einsatzes. Eine sorgfältige Bewertung und Regulierung dieser Technologien ist erforderlich, um sicherzustellen, dass sie sicher und verantwortungsvoll genutzt werden.

# V.4 Soziale und ethische Implikationen technologischer Revolutionen

Die technologische Revolution bringt nicht nur wirtschaftliche und wissenschaftliche Fortschritte mit sich, sondern auch tiefgreifende soziale und ethische Implikationen, die sorgfältig abgewogen werden müssen.

# V.4.1 Technologische Arbeitslosigkeit und soziale Ungleichheit

Die rasante Entwicklung neuer Technologien birgt das Risiko, dass bestimmte Arbeitsplätze überflüssig werden, was zu technologischer Arbeitslosigkeit und möglicherweise zu einer Verschärfung der sozialen Ungleichheit führen kann.

Technologische Arbeitslosigkeit tritt auf, wenn neue Technologien menschliche Arbeit ersetzen. Dies kann insbesondere in Bereichen geschehen, in denen Routineaufgaben automatisiert werden können. Während neue Technologien auch neue Arbeitsplätze schaffen, besteht die Gefahr, dass diese nicht schnell genug entstehen, um die verlorenen Arbeitsplätze zu ersetzen, oder dass sie eine andere Qualifikation erfordern. Dies kann zu einer Verschärfung der Ungleichheit und sozialen Spannungen führen, wenn bestimmte Bevölkerungsgruppen von diesen Veränderungen stärker betroffen sind.

Um die negativen Auswirkungen der technologischen Arbeitslosigkeit zu mildern, sind Maßnahmen wie Umschulungsprogramme, lebenslanges Lernen und soziale Sicherungssysteme erforderlich. Regierungen und Unternehmen müssen zusammenarbeiten, um sicherzustellen, dass Arbeitnehmer die Fähigkeiten erwerben, die auf dem Arbeitsmarkt der Zukunft gefragt sind. Zudem sollten soziale Sicherungssysteme so gestaltet werden, dass sie Arbeitnehmer in Zeiten des Wandels unterstützen und soziale Spannungen abmildern.

Verantwortungsvolle Innovation erfordert, dass bei der Entwicklung und Einführung neuer Technologien soziale Gerechtigkeit und ethische Überlegungen berücksichtigt werden. Unternehmen und Regierungen müssen sicherstellen, dass der technologische Fortschritt allen zugutekommt und nicht nur einer kleinen Elite. Dies erfordert die Schaffung von Rahmenbedingungen, die den fairen Zugang zu Bildung, Technologie und wirtschaftlichen Chancen fördern.

## V.4.2 Datenschutz, Privatsphäre und Überwachung: Herausforderungen im digitalen Zeitalter

Mit dem zunehmenden Einsatz digitaler Technologien wachsen die Herausforderungen in Bezug auf Datenschutz, Privatsphäre und Überwachung.

Der Schutz persönlicher Daten wird immer wichtiger, da immer mehr Informationen online gesammelt, gespeichert und verarbeitet werden. Unternehmen und Regierungen sammeln Daten über das Verhalten, die Vorlieben und die Bewegungen der Menschen, um Dienstleistungen zu verbessern, Marketingstrategien zu optimieren oder die öffentliche Sicherheit zu gewährleisten. Dies wirft jedoch Bedenken hinsichtlich des Missbrauchs von Daten, der Verletzung der Privatsphäre und des Verlusts der Kontrolle über persönliche Informationen auf.

Moderne Überwachungstechnologien, wie Gesichtserkennung, Datenanalyse und Geolokalisierung, bieten neue Möglichkeiten zur Verbrechensbekämpfung, aber auch zur Überwachung der Bevölkerung. Der Einsatz dieser Technologien muss sorgfältig abgewogen werden, um ein Gleichgewicht zwischen Sicherheit und den Rechten auf Privatsphäre und individuelle Freiheit zu gewährleisten. Es ist entscheidend, dass der Einsatz von Überwachungstechnologien transparent und durch klare rechtliche Rahmenbedingungen geregelt wird.

Die Regulierung von Datenschutz und Überwachung im digitalen Zeitalter ist eine der größten Herausforderungen für Regierungen weltweit. Es ist notwendig, starke Datenschutzgesetze zu verabschieden, die den Schutz persönlicher Daten gewährleisten und gleichzeitig den legitimen Bedürfnissen von Unternehmen und Regierungen Rechnung tragen. Darüber hinaus müssen ethische Leitlinien entwickelt werden, die sicherstellen, dass Technologien verantwortungsvoll eingesetzt werden und die Rechte der Einzelnen respektiert werden.

# V.5 Zukunftsperspektiven: Die nächste Welle technologischer Innovationen

Die technologische Revolution wird weiter voranschreiten und neue Wellen von Innovationen hervorbringen, die unser Leben in den kommenden Jahrzehnten prägen werden.

Die nächste Welle technologischer Innovationen könnte noch tiefgreifendere Auswirkungen haben als die aktuelle. Technologien wie künstliche allgemeine Intelligenz (AGI), fortgeschrittene Robotik, synthetische Biologie und der Einsatz von Quantencomputern könnten die Art und Weise, wie wir arbeiten, leben und miteinander interagieren, radikal verändern. Es wird entscheidend sein, dass Gesellschaften in der Lage sind, sich an diese Veränderungen anzupassen und die neuen Technologien in einer Weise zu nutzen, die den sozialen Fortschritt fördert und Ungleichheiten verringert.

Die Bewältigung der Herausforderungen und Chancen, die durch die technologische Revolution entstehen, erfordert eine starke globale Zusammenarbeit. Länder müssen zusammenarbeiten, um gemeinsame Standards und ethische Leitlinien zu entwickeln, die sicherstellen, dass neue Technologien verantwortungsvoll eingesetzt werden. Es ist auch wichtig, dass die internationale Gemeinschaft Mechanismen zur Regulierung und Kontrolle von Technologien entwickelt, die potenziell gefährlich sein könnten, um ihre friedliche und sichere Nutzung zu gewährleisten.

Die Zukunft der Technologie bietet enorme Potenziale, um die Lebensqualität weltweit zu verbessern, Krankheiten zu heilen, den Hunger zu bekämpfen und die Umwelt zu schützen. Gleichzeitig erfordert sie eine sorgfältige Abwägung der Risiken und die Entwicklung von Strategien, um sicherzustellen, dass technologische Fortschritte zu einer gerechteren und nachhaltigeren Welt führen. Unternehmen, Regierungen und Bürger müssen gemeinsam daran arbeiten, eine tech-

69

nologische Zukunft zu gestalten, die die Werte der Menschheit wider-
spiegelt und zum Wohle aller beiträgt.

# VI. Bildung und Qualifikation im 21. Jahrhundert: Anforderungen an eine digitale Gesellschaft

Die rasanten technologischen Entwicklungen und die zunehmende Digitalisierung der Gesellschaft stellen das Bildungssystem vor neue Herausforderungen. Um in der digitalen Ära erfolgreich zu sein, müssen Bildungseinrichtungen, Regierungen und Unternehmen gemeinsam daran arbeiten, das Bildungssystem an die Anforderungen des 21. Jahrhunderts anzupassen. In diesem Kapitel werden die wichtigsten Trends und Herausforderungen in der Bildung sowie die Strategien zur Entwicklung der notwendigen Qualifikationen für die digitale Gesellschaft untersucht.

## VI.1 Die digitale Revolution in der Bildung: Neue Lernmethoden und Technologien

Die Digitalisierung hat die Art und Weise, wie wir lernen und lehren, grundlegend verändert. Neue Technologien und Lernmethoden bieten enorme Chancen, aber auch Herausforderungen für das Bildungssystem.

### VI.1.1 E-Learning und digitale Plattformen: Flexibles und personalisiertes Lernen

E-Learning und digitale Plattformen haben das Potenzial, das traditionelle Bildungsmodell zu revolutionieren und Lernen flexibler und personalisierter zu gestalten.

E-Learning bietet zahlreiche Vorteile, darunter die Flexibilität, jederzeit und überall lernen zu können, und die Möglichkeit, das Tempo

71

und den Umfang des Lernens individuell anzupassen. Dies ermöglicht es den Lernenden, ihre Bildungsziele in ihrem eigenen Rhythmus zu verfolgen, was besonders für berufstätige Erwachsene, Menschen in abgelegenen Gebieten oder solche mit besonderen Bedürfnissen von Vorteil ist. Digitale Plattformen bieten auch eine Vielzahl von Ressourcen und Lernmaterialien, die leicht zugänglich sind und eine breitere Auswahl an Kursen und Programmen bieten.

Dank fortschrittlicher Algorithmen und Künstlicher Intelligenz (KI) können E-Learning-Plattformen personalisierte Lernpfade anbieten, die auf die individuellen Bedürfnisse und Lernstile der Schüler zugeschnitten sind. Adaptives Lernen passt den Lernstoff in Echtzeit an das Verständnis und den Fortschritt des Lernenden an, was zu effektiveren Lernergebnissen führt. Diese personalisierten Ansätze ermöglichen es den Lernenden, ihre Stärken auszubauen und gezielt an ihren Schwächen zu arbeiten.

Trotz der Vorteile gibt es auch Herausforderungen im Zusammenhang mit E-Learning. Die digitale Kluft, die ungleiche Verfügbarkeit von Technologie und Internetzugang, kann den Zugang zu E-Learning für bestimmte Bevölkerungsgruppen einschränken. Darüber hinaus erfordert E-Learning ein hohes Maß an Selbstdisziplin und Eigenmotivation, was für einige Lernende eine Hürde darstellen kann. Bildungseinrichtungen müssen daher Strategien entwickeln, um diese Herausforderungen zu überwinden und sicherzustellen, dass alle Schüler Zugang zu den Vorteilen des digitalen Lernens haben.

## VI.1.2 Blended Learning und Hybridmodelle: Die Kombination von traditionellem und digitalem Lernen

Blended Learning und Hybridmodelle kombinieren die Stärken des traditionellen Unterrichts mit den Vorteilen des digitalen Lernens und bieten eine flexible und effektive Lernumgebung.

Blended Learning ist ein Bildungsansatz, der Präsenzunterricht mit Online-Lernaktivitäten kombiniert. Diese Methode ermöglicht es Lehrern, die Vorteile beider Ansätze zu nutzen, indem sie den direkten Kontakt und die Interaktion des Klassenzimmers mit der Flexibilität und den Ressourcen des Online-Lernens verbinden. Blended Learning bietet den Schülern eine abwechslungsreichere und interaktivere Lernumgebung, die es ihnen ermöglicht, sowohl eigenständig als auch kollaborativ zu lernen.

Hybridmodelle gehen noch einen Schritt weiter, indem sie den Lernenden die Möglichkeit bieten, zwischen Präsenz- und Online-Unterricht zu wählen, je nach ihren Bedürfnissen und Vorlieben. Diese Modelle sind besonders nützlich in Zeiten von Krisen wie der COVID-19-Pandemie, in denen Präsenzunterricht möglicherweise nicht möglich ist. Hybridmodelle bieten auch eine größere Flexibilität für Schüler und Lehrer und ermöglichen es, den Unterricht an die individuellen Umstände anzupassen.

Die Implementierung von Blended Learning und Hybridmodellen erfordert eine sorgfältige Planung und die Bereitstellung der notwendigen Ressourcen und Schulungen für Lehrer und Schüler. Eine der größten Herausforderungen besteht darin, sicherzustellen, dass die Qualität des Lernens sowohl online als auch offline auf einem hohen Niveau bleibt. Es ist auch wichtig, eine ausgewogene Mischung von Aktivitäten zu finden, die die Lernziele unterstützen und die Motivation der Schüler aufrechterhalten.

# VI.2 Fähigkeiten und Kompetenzen für die digitale Wirtschaft: Was die Arbeitswelt fordert

Die digitale Wirtschaft erfordert neue Fähigkeiten und Kompetenzen, die über das traditionelle Bildungssystem hinausgehen. Arbeitnehmer müssen sich kontinuierlich weiterbilden, um in einer sich ständig verändernden Arbeitswelt erfolgreich zu sein.

# VI.2.1 Digitale Kompetenzen: Von Grundkenntnissen bis zur digitalen Exzellenz

Digitale Kompetenzen sind in der modernen Arbeitswelt unerlässlich. Sie reichen von grundlegenden IT-Kenntnissen bis hin zu fortgeschrittenen Fähigkeiten in Bereichen wie Datenanalyse, Programmierung und Cybersecurity.

Grundlegende digitale Kompetenzen umfassen die Fähigkeit, Computer und mobile Geräte zu bedienen, das Internet sicher zu nutzen und grundlegende Softwareanwendungen wie Textverarbeitungsprogramme, Tabellenkalkulationen und Präsentationstools zu verwenden. Diese Fähigkeiten sind in nahezu allen Berufen erforderlich und bilden die Basis für weiterführende digitale Fähigkeiten. Bildungseinrichtungen müssen sicherstellen, dass Schüler diese grundlegenden Kompetenzen frühzeitig erwerben, um auf die Anforderungen des Arbeitsmarktes vorbereitet zu sein.

Fortgeschrittene digitale Fähigkeiten umfassen Kenntnisse in Bereichen wie Programmierung, Datenanalyse, maschinelles Lernen, künstliche Intelligenz und Cybersecurity. Diese Fähigkeiten sind besonders in technologiegetriebenen Branchen gefragt und eröffnen den Zugang zu gut bezahlten und zukunftssicheren Berufen. Arbeitnehmer, die ihre Karrierechancen verbessern möchten, sollten sich darauf konzentrieren, diese Fähigkeiten durch formale Ausbildung, Online-Kurse oder praxisorientierte Erfahrungen zu erwerben.

Die Förderung digitaler Exzellenz erfordert eine Kombination aus hochwertiger Ausbildung, kontinuierlichem Lernen und praktischer Erfahrung. Unternehmen und Bildungseinrichtungen sollten Partnerschaften eingehen, um Programme zur Entwicklung digitaler Fähigkeiten anzubieten, die den aktuellen und zukünftigen Anforderungen des Arbeitsmarktes entsprechen. Darüber hinaus ist es wichtig, dass die Ausbildung in digitalen Fähigkeiten interdisziplinär ist, um den

Lernenden ein breites Spektrum an Anwendungen und Perspektiven zu bieten.

# VI.2.2 Kreativität, Problemlösung und kritisches Denken: Schlüsselkompetenzen im digitalen Zeitalter

Neben technischen Fähigkeiten gewinnen auch kreative und kognitive Kompetenzen im digitalen Zeitalter zunehmend an Bedeutung.

Kreativität ist eine der gefragtesten Fähigkeiten in der digitalen Wirtschaft, da sie die Grundlage für Innovationen und die Entwicklung neuer Produkte, Dienstleistungen und Geschäftsmodelle bildet. In einer Arbeitswelt, in der Routineaufgaben zunehmend automatisiert werden, wird die Fähigkeit, kreativ zu denken und neue Lösungen zu entwickeln, immer wichtiger. Bildungseinrichtungen sollten kreative Denkansätze in ihre Lehrpläne integrieren und den Schülern die Möglichkeit geben, ihre kreativen Fähigkeiten durch Projekte, Kunst und Design, aber auch in technischen und wissenschaftlichen Kontexten zu entwickeln.

Problemlösungsfähigkeiten und kritisches Denken sind essenziell, um komplexe Herausforderungen zu bewältigen und fundierte Entscheidungen zu treffen. Diese Fähigkeiten ermöglichen es den Lernenden, Probleme systematisch zu analysieren, verschiedene Lösungsansätze zu bewerten und innovative Lösungen zu entwickeln. In einer digitalen Welt, die sich ständig verändert, sind diese Fähigkeiten entscheidend, um sich schnell an neue Situationen anzupassen und Chancen zu nutzen. Bildungseinrichtungen sollten Problemlösungsfähigkeiten durch fallbasierte Lernmethoden, simulationsgestütztes Lernen und interdisziplinäre Projekte fördern.

Interdisziplinäre Bildung spielt eine wichtige Rolle bei der Entwicklung von Kreativität und Problemlösungsfähigkeiten. Durch die Kombination von Wissen und Methoden aus verschiedenen Disziplinen können Lernende neue Perspektiven entwickeln und komplexe Probleme ganzheitlich angehen. Bildungseinrichtungen sollten Programme entwickeln, die interdisziplinäres Lernen fördern und den Austausch zwischen verschiedenen Fachbereichen erleichtern. Dies wird den Lernenden helfen, die komplexen Herausforderungen der modernen Welt besser zu verstehen und innovative Lösungen zu finden.

# VI.3 Bildungssysteme im Wandel: Anpassung an die Anforderungen der Zukunft

Um den Anforderungen der digitalen Gesellschaft gerecht zu werden, müssen Bildungssysteme weltweit reformiert und an die neuen Gegebenheiten angepasst werden.

## VI.3.1    Reform des Bildungssystems: Flexibilität und lebenslanges Lernen

Das traditionelle Bildungssystem muss reformiert werden, um den Anforderungen des 21. Jahrhunderts gerecht zu werden und den Lernenden die Fähigkeiten zu vermitteln, die sie für eine erfolgreiche Karriere in der digitalen Wirtschaft benötigen.

Ein flexibles Bildungssystem ermöglicht es den Lernenden, ihre Ausbildung an ihre individuellen Bedürfnisse und Lebensumstände anzupassen. Dies kann durch die Einführung von modularen Bildungsprogrammen, Online-Lernen und Teilzeitstudiengängen erreicht werden. Flexibilität bedeutet auch, dass das Bildungssystem in der Lage sein muss, auf technologische und gesellschaftliche Veränderungen zu reagieren und neue Lerninhalte und Methoden schnell zu integrieren.

Lebenslanges Lernen ist eine der wichtigsten Voraussetzungen für den Erfolg in der modernen Arbeitswelt. Arbeitnehmer müssen bereit sein, sich kontinuierlich weiterzubilden und neue Fähigkeiten zu erwerben, um mit den sich verändernden Anforderungen des Arbeitsmarktes Schritt zu halten. Bildungseinrichtungen sollten Programme entwickeln, die lebenslanges Lernen unterstützen, und Arbeitgeber sollten ihre Mitarbeiter ermutigen und unterstützen, regelmäßig an Weiterbildungsmaßnahmen teilzunehmen.

Die Zusammenarbeit zwischen Bildungseinrichtungen und der Wirtschaft ist entscheidend, um sicherzustellen, dass die Ausbildung den Anforderungen des Arbeitsmarktes entspricht. Durch Partnerschaften können Unternehmen und Bildungseinrichtungen gemeinsam Ausbildungsprogramme entwickeln, die praxisorientierte Fähigkeiten vermitteln und den Übergang von der Ausbildung in den Beruf erleichtern. Diese Zusammenarbeit kann auch dazu beitragen, dass Bildungseinrichtungen Zugang zu den neuesten Technologien und Ressourcen erhalten, um ihre Lerninhalte auf dem neuesten Stand zu halten.

# VI.3.2 Inklusive Bildung: Chancengleichheit in der digitalen Gesellschaft

In einer digitalen Gesellschaft ist es entscheidend, dass alle Menschen Zugang zu Bildung und Weiterbildung haben, unabhängig von ihrem sozialen, wirtschaftlichen oder geografischen Hintergrund.

Bildungsgerechtigkeit bedeutet, dass alle Menschen die gleichen Chancen auf eine hochwertige Bildung haben, unabhängig von ihren individuellen Umständen. Dies erfordert die Beseitigung von Barrieren, die den Zugang zu Bildung einschränken, wie z. B. Armut, Geschlecht, ethnische Zugehörigkeit oder geografische Lage. Bildungseinrichtungen und Regierungen müssen Strategien entwickeln, um sicherzustellen, dass alle Schüler Zugang zu den Ressourcen und Unterstützung erhalten, die sie benötigen, um erfolgreich zu sein.

Digitale Inklusion bedeutet, dass alle Menschen Zugang zu den Technologien und Fähigkeiten haben, die sie benötigen, um in der digitalen Gesellschaft erfolgreich zu sein. Dies umfasst den Zugang zu Computern, Internet und digitalen Bildungsressourcen sowie die Schulung in grundlegenden digitalen Kompetenzen. Programme zur Förderung digitaler Inklusion sollten insbesondere benachteiligte Gruppen unterstützen, wie z. B. Menschen in ländlichen Gebieten, Menschen mit Behinderungen und ältere Menschen.

Internationale Zusammenarbeit und Entwicklungshilfe spielen eine wichtige Rolle bei der Förderung von Bildungsgerechtigkeit und digitaler Inklusion weltweit. Länder sollten zusammenarbeiten, um bewährte Verfahren auszutauschen und gemeinsam Lösungen für globale Bildungsherausforderungen zu entwickeln. Entwicklungshilfe kann dazu beitragen, Bildungssysteme in Entwicklungsländern zu stärken und den Zugang zu Bildung und Technologie für benachteiligte Bevölkerungsgruppen zu verbessern.

## VI.3.3 Die Rolle der Lehrkräfte: Neue Anforderungen und Fortbildung

Lehrkräfte spielen eine zentrale Rolle im Bildungssystem und müssen auf die neuen Anforderungen der digitalen Gesellschaft vorbereitet werden.

Die Digitalisierung stellt neue Anforderungen an Lehrkräfte, die über das traditionelle Fachwissen hinausgehen. Lehrkräfte müssen in der Lage sein, digitale Technologien in den Unterricht zu integrieren, personalisierte Lernpfade zu entwickeln und Schülern bei der Entwicklung digitaler Kompetenzen zu unterstützen. Darüber hinaus müssen Lehrkräfte über die Fähigkeit verfügen, kritisches Denken, Kreativität und Problemlösungsfähigkeiten zu fördern, die für den Erfolg in der modernen Welt entscheidend sind.

Um den neuen Anforderungen gerecht zu werden, müssen Lehrkräfte kontinuierlich weitergebildet werden. Fortbildungsprogramme sollten darauf abzielen, Lehrkräfte mit den notwendigen digitalen Fähigkeiten auszustatten und sie dabei zu unterstützen, innovative Lehrmethoden zu entwickeln. Darüber hinaus sollten Lehrkräfte ermutigt werden, sich an Netzwerken und Gemeinschaften zu beteiligen, die den Austausch bewährter Verfahren und die Zusammenarbeit fördern.

Die Rolle der Lehrkräfte ist von unschätzbarem Wert, und ihre Arbeit sollte entsprechend anerkannt und unterstützt werden. Regierungen und Bildungseinrichtungen sollten sicherstellen, dass Lehrkräfte die Ressourcen, Werkzeuge und Unterstützung erhalten, die sie benötigen, um ihre Arbeit effektiv auszuführen. Dies umfasst angemessene Gehälter, Zugang zu fortlaufender beruflicher Entwicklung und ein Arbeitsumfeld, das die Zusammenarbeit und Innovation fördert.

# VI.4 Die Zukunft der Bildung: Visionen und Innovationen

Die Zukunft der Bildung wird durch kontinuierliche Innovation und Anpassung an die sich verändernden Bedürfnisse der Gesellschaft geprägt sein.

## VI.4.1 Bildung 4.0: Eine vernetzte und personalisierte Lernumgebung

Bildung 4.0 steht für eine neue Ära der Bildung, die durch vernetzte, personalisierte und technologiegestützte Lernumgebungen gekennzeichnet ist.

Vernetztes Lernen ermöglicht es den Lernenden, über digitale Plattformen mit anderen Schülern, Lehrkräften und Experten auf der ganzen Welt in Kontakt zu treten. Diese Art des Lernens fördert den Austausch von Wissen und Ideen und bietet den Lernenden die Möglichkeit, in einer globalen Gemeinschaft zu lernen und zu wachsen. Vernetztes Lernen kann auch die Zusammenarbeit und den interkulturellen Austausch fördern, was in einer zunehmend globalisierten Welt von unschätzbarem Wert ist.

Die Zukunft der Bildung wird stark von der Fähigkeit geprägt sein, personalisierte Lernpfade für jeden einzelnen Lernenden zu entwickeln. Mithilfe von Datenanalyse und KI können Bildungseinrichtungen das Lernen an die individuellen Bedürfnisse, Interessen und Stärken der Schüler anpassen. Dies ermöglicht es den Lernenden, in ihrem eigenen Tempo zu arbeiten, ihre Schwächen gezielt zu verbessern und ihre Stärken auszubauen. Personalisierte Lernpfade können auch dazu beitragen, die Motivation und das Engagement der Schüler zu erhöhen, indem sie den Lernprozess relevanter und ansprechender gestalten.

Die Integration neuer Technologien wie Virtual Reality (VR), Augmented Reality (AR) und Gamification in den Unterricht wird die Art und Weise, wie wir lernen, weiter verändern. Diese Technologien bieten immersive und interaktive Lernerfahrungen, die das Verständnis komplexer Konzepte erleichtern und den Lernprozess unterhaltsamer gestalten. Bildungseinrichtungen sollten offen für die Erprobung und Integration dieser Technologien sein, um den Unterricht zu bereichern und den Schülern neue Möglichkeiten zu bieten, zu lernen und zu wachsen.

# VI.4.2 Nachhaltige Bildung: Bildung für eine bessere Welt

Nachhaltige Bildung spielt eine zentrale Rolle bei der Förderung von globalem Bewusstsein und verantwortungsbewusstem Handeln.

Bildung für nachhaltige Entwicklung (BNE) zielt darauf ab, Lernende zu befähigen, die Herausforderungen des 21. Jahrhunderts zu verstehen und aktiv zur Lösung globaler Probleme wie Klimawandel, soziale Ungleichheit und Umweltzerstörung beizutragen. BNE fördert das kritische Denken, die Problemlösungsfähigkeiten und die Fähigkeit, nachhaltige Entscheidungen zu treffen. Bildungseinrichtungen sollten BNE in ihre Lehrpläne integrieren und den Schülern die Möglichkeit geben, sich mit den wichtigsten globalen Themen auseinanderzu-setzen und Verantwortung für die Zukunft zu übernehmen.

Globale Bürgerbildung zielt darauf ab, ein Verständnis für die Verbin-dungen zwischen den Menschen und den Ländern der Welt zu fördern und die Lernenden zu ermutigen, als verantwortungsbewusste und engagierte Bürger der Weltgemeinschaft zu handeln. Dies umfasst das Erlernen interkultureller Kompetenzen, das Verständnis für glo-bale Gerechtigkeit und die Förderung von Empathie und Solidarität. Globale Bürgerbildung bereitet die Lernenden darauf vor, in einer vernetzten und komplexen Welt zu leben und zu arbeiten und einen positiven Beitrag zur globalen Gemeinschaft zu leisten.

Nachhaltigkeit sollte ein Leitprinzip in allen Bereichen der Bildung sein, von der Schulplanung und dem Gebäudedesign bis hin zu den Lehrinhalten und Lernmethoden. Bildungseinrichtungen sollten nach-haltige Praktiken fördern, z. B. durch die Nutzung erneuerbarer Ener-gien, die Reduzierung von Abfall und die Förderung umweltfreundli-cher Verhaltensweisen bei Schülern und Mitarbeitern. Indem sie Nachhaltigkeit in den Bildungsalltag integrieren, können Schulen und Universitäten eine Kultur der Verantwortung und des Engagements für den Planeten fördern.

# VI.4.3 Die Rolle der Gesellschaft bei der Gestaltung der Bildung der Zukunft

Die Zukunft der Bildung ist eine gemeinsame Verantwortung von Re-gierungen, Bildungseinrichtungen, Unternehmen, Eltern und der ge-samten Gesellschaft.

Regierungen spielen eine zentrale Rolle bei der Gestaltung der Bil-dungspolitik und der Bereitstellung der notwendigen Ressourcen, um das Bildungssystem an die Herausforderungen des 21. Jahrhunderts anzupassen. Dies erfordert kontinuierliche Investitionen in Bildungs-einrichtungen, Lehrkräfte und Bildungsprogramme sowie die Entwicklung langfristiger Strategien, die den Bedürfnissen einer digitalen und globalisierten Gesellschaft gerecht werden.

Die Zusammenarbeit zwischen Bildungseinrichtungen und der Wirtschaft ist entscheidend, um sicherzustellen, dass die Ausbildung den Anforderungen des Arbeitsmarktes entspricht. Unternehmen sollten aktiv in Bildungsprogramme investieren, die den Erwerb von zukunftssicheren Fähigkeiten fördern, und Bildungseinrichtungen unterstützen, die Schüler auf die Herausforderungen der modernen Arbeitswelt vorzubereiten. Durch die Zusammenarbeit können Bildungseinrichtungen und Unternehmen sicherstellen, dass die Lernenden die notwendigen Fähigkeiten und Kenntnisse erwerben, um in einer sich ständig verändernden Welt erfolgreich zu sein.

Die Gemeinschaft spielt eine wichtige Rolle bei der Unterstützung von Bildung und der Förderung einer Kultur des Lernens. Eltern, lokale Organisationen und gemeinnützige Gruppen können durch Freiwilligenarbeit, Mentoring-Programme und die Bereitstellung von Ressourcen dazu beitragen, das Bildungserlebnis der Schüler zu bereichern. Eine engagierte Gemeinschaft kann auch dazu beitragen, den Zugang zu Bildung für benachteiligte Gruppen zu verbessern und sicherzustellen, dass alle Lernenden die Unterstützung erhalten, die sie benötigen, um erfolgreich zu sein.

Die Gestaltung der Zukunft der Bildung erfordert eine gemeinsame Anstrengung aller Akteure in der Gesellschaft. Regierungen, Bildungseinrichtungen, Unternehmen, Eltern und die Gemeinschaft müssen zusammenarbeiten, um ein Bildungssystem zu schaffen, das die Lernenden auf die Herausforderungen und Chancen des 21. Jahrhunderts vorbereitet. Dies erfordert Mut zur Innovation, die Bereitschaft zur Zusammenarbeit und das Engagement, Bildung als Schlüssel zu einer besseren und nachhaltigeren Zukunft zu betrachten.

# VII. Gesundheit und Wohlbefinden: Herausforderungen und Innovationen im Gesundheitswesen

Die Gesundheit und das Wohlbefinden der Menschen sind grundlegende Aspekte einer funktionierenden Gesellschaft. In den letzten Jahrzehnten haben technologische Innovationen und neue Ansätze das Gesundheitswesen revolutioniert, aber gleichzeitig stehen wir vor erheblichen Herausforderungen wie dem demografischen Wandel, zunehmenden Gesundheitskosten und globalen Gesundheitskrisen. Dieses Kapitel beleuchtet die wichtigsten Trends, Innovationen und Herausforderungen im Gesundheitswesen und zeigt auf, wie diese Bereiche in Zukunft gestaltet werden können.

## VII.1    Digitale Gesundheit und Telemedizin: Die Zukunft der Gesundheitsversorgung

Die digitale Gesundheit und Telemedizin haben das Potenzial, die Art und Weise, wie wir Gesundheitsdienstleistungen in Anspruch nehmen und verwalten, grundlegend zu verändern.

### VII.1.1    Fortschritte in der digitalen Gesundheit: Von Wearables bis zu KI

Die digitale Gesundheit umfasst eine Vielzahl von Technologien, die die Gesundheitsversorgung verbessern und personalisieren.

Wearables wie Fitnessarmbänder und Smartwatches, die Vitaldaten wie Herzfrequenz, Schlafmuster und Aktivitätsniveau aufzeichnen, haben sich in den letzten Jahren stark verbreitet. Diese Geräte ermöglichen es den Nutzern, ihre Gesundheit kontinuierlich zu überwa-

83

chen und datengestützte Entscheidungen über ihren Lebensstil zu treffen. Gesundheits-Apps, die auf Smartphones heruntergeladen werden können, bieten zudem eine Vielzahl von Funktionen, von der Medikamentenerinnerung bis zur Symptomanalyse.

Künstliche Intelligenz (KI) spielt eine immer größere Rolle in der Medizin, insbesondere bei der Diagnostik, der Bildgebung und der personalisierten Medizin. KI-Algorithmen können große Datenmengen analysieren und Muster erkennen, die für menschliche Ärzte schwer zu identifizieren wären. Dies ermöglicht schnellere und genauere Diagnosen sowie personalisierte Behandlungspläne, die auf den spezifischen genetischen und gesundheitlichen Merkmalen eines Patienten basieren.

Elektronische Gesundheitsakten (EGA) erleichtern den Zugang zu medizinischen Informationen und verbessern die Koordination zwischen verschiedenen Gesundheitseinrichtungen. Patienten können ihre Gesundheitsdaten sicher online einsehen und mit ihren Ärzten teilen, was eine effizientere und patientenorientierte Versorgung ermöglicht. Die Einführung von EGA trägt auch zur Reduzierung von Behandlungsfehlern bei und fördert die Kontinuität der Pflege.

# VII.1.2 Telemedizin: Zugang zu Gesundheitsversorgung für alle

Telemedizin bietet eine Lösung für viele der Herausforderungen, denen das Gesundheitswesen heute gegenübersteht, insbesondere in Bezug auf den Zugang zu medizinischer Versorgung.

Telemedizin ermöglicht es Patienten, medizinische Beratung und Behandlungen aus der Ferne zu erhalten, was besonders in ländlichen oder unterversorgten Gebieten von Vorteil ist. Diese Form der Gesundheitsversorgung kann die Wartezeiten verkürzen, den Zugang zu Spezialisten verbessern und die Gesundheitskosten senken. Durch Videokonsultationen, Telemonitoring und Ferndiagnose können Patienten medizinische Unterstützung erhalten, ohne ein Krankenhaus oder eine Praxis aufsuchen zu müssen.

Trotz ihrer Vorteile steht die Telemedizin vor Herausforderungen, darunter technische Hürden, Datenschutzbedenken und die Notwendigkeit einer physischen Untersuchung in bestimmten Fällen. Nicht alle Patienten haben Zugang zu den notwendigen Technologien, und es bestehen Bedenken hinsichtlich der Datensicherheit und der Vertraulichkeit von Patienteninformationen. Zudem ist es wichtig, sicherzustellen, dass Telemedizin die persönliche Arzt-Patienten-Beziehung ergänzt und nicht vollständig ersetzt.

Die Zukunft der Telemedizin sieht vielversprechend aus, insbesondere mit der Weiterentwicklung von Technologien wie 5G, die schnellere und zuverlässigere Verbindungen ermöglichen. Fortschritte in der Robotik könnten auch die Durchführung von Fernoperationen ermöglichen. Es ist wahrscheinlich, dass Telemedizin in den kommenden Jahren noch weiter an Bedeutung gewinnen wird, insbesondere in Kombination mit anderen digitalen Gesundheitstechnologien.

# VII.2 Personalisierte Medizin und Prävention: Neue Ansätze zur Gesundheitsförderung

Die personalisierte Medizin und präventive Gesundheitsstrategien revolutionieren die Art und Weise, wie Krankheiten behandelt und verhindert werden.

## VII.2.1 Genomik und personalisierte Medizin

Die Fortschritte in der Genomik haben den Weg für die personalisierte Medizin geebnet, die Behandlungen auf die genetischen Profile der Patienten zuschneidet.

Personalisierte Medizin basiert auf der Analyse des genetischen Materials eines Patienten, um spezifische genetische Variationen zu identifizieren, die die Reaktion auf bestimmte Behandlungen beeinflussen können. Anhand dieser Informationen können Ärzte personalisierte Therapien entwickeln, die für den Patienten am effektivsten sind. Dies reduziert das Risiko von Nebenwirkungen und erhöht die Erfolgschancen der Behandlung.

Personalisierte Medizin wird in verschiedenen Bereichen angewendet, darunter Onkologie, Kardiologie und Neurologie. In der Onkologie beispielsweise können Genomtests verwendet werden, um die spezifischen genetischen Mutationen eines Tumors zu identifizieren, wodurch gezielte Therapien entwickelt werden können, die die Tumorzellen effektiver bekämpfen. Auch in der Kardiologie ermöglicht die personalisierte Medizin die Entwicklung von Behandlungsplänen, die das individuelle Risiko eines Patienten für Herz-Kreislauf-Erkrankungen berücksichtigen.

Obwohl die personalisierte Medizin viele Vorteile bietet, gibt es auch Herausforderungen, darunter hohe Kosten, ethische Bedenken und die Notwendigkeit weiterer Forschung. Die Durchführung genetischer Tests und die Entwicklung personalisierter Therapien sind oft teuer, was den Zugang für einige Patienten einschränken kann. Zudem gibt es Bedenken hinsichtlich der Privatsphäre und der potenziellen Diskriminierung aufgrund genetischer Informationen.

# VII.2.2   Prävention und Gesundheitsförderung: Fokus auf Lebensstil und Umwelt

Prävention und Gesundheitsförderung sind entscheidend, um Krankheiten zu verhindern und die Lebensqualität der Menschen zu verbessern.

Präventive Maßnahmen wie Impfungen, regelmäßige Gesundheitschecks und gesunde Lebensgewohnheiten spielen eine zentrale Rolle bei der Verhinderung von Krankheiten und der Förderung der Gesundheit. Durch frühzeitige Interventionen können viele chronische Krankheiten, wie Diabetes, Herzkrankheiten und Krebs, vermieden oder in ihrer Schwere gemindert werden.

Ein gesunder Lebensstil, der eine ausgewogene Ernährung, regelmäßige körperliche Aktivität, den Verzicht auf Tabak und moderaten Alkoholkonsum umfasst, ist ein Schlüsselfaktor für die Prävention vieler Krankheiten. Gesundheitsförderungsprogramme, die Menschen dabei unterstützen, gesunde Entscheidungen zu treffen, können die Inzidenz von Krankheiten verringern und die allgemeine Gesundheit der Bevölkerung verbessern.

Die Umwelt hat einen erheblichen Einfluss auf die Gesundheit. Umweltfaktoren wie Luft- und Wasserverschmutzung, chemische Exposition und Klimawandel tragen zur Entstehung und Verschärfung von Gesundheitsproblemen bei. Präventionsstrategien müssen daher auch die Reduzierung umweltbedingter Risiken umfassen. Der Schutz der Umwelt und die Förderung nachhaltiger Lebensstile sind entscheidend, um langfristig die Gesundheit der Bevölkerung zu sichern.

# VII.3 Herausforderungen des globalen Gesundheitswesens: Zugang und Ungleichheit

Das globale Gesundheitswesen steht vor erheblichen Herausforderungen, insbesondere in Bezug auf den Zugang zu Gesundheitsdiensten und die Beseitigung von Ungleichheiten.

## VII.3.1 Ungleichheiten im Gesundheitswesen: Ursachen und Lösungen

Ungleichheiten im Gesundheitswesen bestehen sowohl zwischen als auch innerhalb von Ländern und betreffen insbesondere benachteiligte Bevölkerungsgruppen.

Die Ursachen von Ungleichheiten im Gesundheitswesen sind vielfältig und umfassen wirtschaftliche, soziale und politische Faktoren. Armut, unzureichende Gesundheitsinfrastruktur, fehlender Zugang zu Bildung und Diskriminierung tragen dazu bei, dass bestimmte Bevölkerungsgruppen schlechtere Gesundheitsdienste erhalten. Globale Gesundheitskrisen wie die COVID-19-Pandemie haben diese Ungleichheiten noch verschärft, da benachteiligte Gruppen oft überproportional betroffen sind.

Zur Verringerung von Ungleichheiten im Gesundheitswesen sind umfassende Maßnahmen erforderlich, darunter Investitionen in die Gesundheitsinfrastruktur, die Ausbildung von Gesundheitspersonal und die Förderung von Gesundheitsprogrammen für benachteiligte Gruppen. Internationale Zusammenarbeit und die Unterstützung durch Organisationen wie die Weltgesundheitsorganisation (WHO) sind entscheidend, um den Zugang zu Gesundheitsdiensten weltweit zu verbessern und gesundheitliche Ungleichheiten zu verringern.

Die Gesundheitspolitik spielt eine entscheidende Rolle bei der Beseitigung von Ungleichheiten im Gesundheitswesen. Regierungen müssen sicherstellen, dass alle Bürger Zugang zu einer grundlegenden Gesundheitsversorgung haben, unabhängig von ihrem sozialen oder wirtschaftlichen Status. Dazu gehören Maßnahmen wie die Einführung von universellen Gesundheitsversorgungssystemen, die Subventionierung von Medikamenten und Behandlungen und die Förderung von Präventionsprogrammen.

# VII.3.2 Globale Gesundheitskrisen und ihre Bewältigung

Globale Gesundheitskrisen wie Pandemien und chronische Krankheiten stellen die Weltgemeinschaft vor große Herausforderungen.

Pandemien wie die COVID-19-Pandemie zeigen, wie verwundbar das globale Gesundheitswesen gegenüber schnell verbreiteten Infektionskrankheiten ist. Die Bekämpfung solcher Gesundheitskrisen erfordert eine koordinierte internationale Reaktion, einschließlich der Entwicklung von Impfstoffen, der Förderung von Hygienemaßnahmen und der Stärkung der Gesundheitssysteme. Frühwarnsysteme und Notfallpläne sind entscheidend, um die Ausbreitung von Krankheiten zu verhindern und ihre Auswirkungen zu minimieren.

Chronische Krankheiten wie Diabetes, Herzkrankheiten und Krebs sind weltweit auf dem Vormarsch und stellen eine erhebliche Belastung für Gesundheitssysteme dar. Diese Krankheiten sind oft mit Lebensstilfaktoren wie Ernährung, Bewegung und Tabakkonsum verbunden und erfordern langfristige Präventionsstrategien. Die Reduzierung der globalen Krankheitslast durch chronische Krankheiten ist eine der größten Herausforderungen des 21. Jahrhunderts und erfordert konzertierte Anstrengungen auf globaler, nationaler und lokaler Ebene.

Internationale Zusammenarbeit ist unerlässlich, um globale Gesundheitskrisen zu bewältigen und die Gesundheit weltweit zu verbessern. Organisationen wie die WHO, UNICEF und das Rote Kreuz spielen eine wichtige Rolle bei der Koordinierung von Gesundheitsmaßnahmen, der Bereitstellung von Hilfsgütern und der Unterstützung von Ländern bei der Stärkung ihrer Gesundheitssysteme. Die Zusammenarbeit zwischen Regierungen, Nichtregierungsorganisationen und der Privatwirtschaft ist entscheidend, um die Gesundheitsversorgung für alle Menschen zu verbessern und auf globale Gesundheitsbedrohungen effektiv zu reagieren.

# VII.4 Psychische Gesundheit und Wohlbefinden: Bedeutung und Förderung

Psychische Gesundheit und Wohlbefinden sind wesentliche Bestandteile der allgemeinen Gesundheit und Lebensqualität. In den letzten Jahren ist das Bewusstsein für die Bedeutung psychischer Gesundheit gestiegen, und es wird zunehmend anerkannt, dass psychische Erkrankungen ebenso ernsthaft und beeinträchtigend sein können wie körperliche Erkrankungen.

## VII.4.1 Psychische Gesundheit in der modernen Welt: Herausforderungen und Lösungen

Psychische Gesundheit ist in der modernen Gesellschaft ein zunehmend wichtiges Thema, das viele Menschen betrifft.

Die moderne Lebensweise, geprägt von Stress, Isolation, sozialen Medien und dem ständigen Druck zur Leistungssteigerung, trägt zu einer Zunahme von psychischen Gesundheitsproblemen wie Depressionen, Angststörungen und Burnout bei. Diese Herausforderungen werden durch soziale und wirtschaftliche Unsicherheiten, Umweltprobleme und globale Krisen noch verstärkt. Die psychische Gesundheit von Jugendlichen und jungen Erwachsenen ist besonders gefährdet, da sie oft unter erhöhtem Druck stehen und weniger Zugang zu Unterstützungsdiensten haben.

Um die psychische Gesundheit zu fördern, müssen sowohl präventive als auch therapeutische Maßnahmen ergriffen werden. Präventive Ansätze umfassen die Förderung von Resilienz, Stressbewältigungsstrategien und sozialer Unterstützung. Bildungseinrichtungen und Arbeitsplätze spielen eine wichtige Rolle bei der Förderung psychischer Gesundheit durch Aufklärung, Sensibilisierung und die Bereitstellung von Ressourcen. Auf der therapeutischen Seite sind der Zugang zu psychologischer Beratung, Therapie und Medikamenten entscheidend, um Menschen mit psychischen Gesundheitsproblemen zu unterstützen.

Die Entstigmatisierung psychischer Erkrankungen ist ein wichtiger Schritt, um den Zugang zu Unterstützung zu verbessern und die Behandlung von psychischen Gesundheitsproblemen zu normalisieren. Öffentliche Kampagnen und Bildungsprogramme, die das Bewusstsein für psychische Gesundheit fördern und Vorurteile abbauen, sind entscheidend, um eine Kultur des Verständnisses und der Unterstützung zu schaffen. Es ist wichtig, dass psychische Gesundheit als integraler Bestandteil der allgemeinen Gesundheit anerkannt wird.

# VII.4.2 Wohlbefinden und Lebensqualität: Ein ganzheitlicher Ansatz

Das Wohlbefinden geht über die bloße Abwesenheit von Krankheit hinaus und umfasst körperliche, geistige und soziale Gesundheit.

Ein ganzheitlicher Ansatz zur Gesundheitsförderung berücksichtigt alle Aspekte des Wohlbefindens, einschließlich körperlicher Aktivität, Ernährung, Schlaf, sozialer Beziehungen und geistiger Gesundheit. Dieser Ansatz fördert die Integration von Körper, Geist und Seele und unterstützt die Menschen dabei, ein ausgeglichenes und erfülltes Leben zu führen. Bildung, soziale Unterstützung und eine gesunde Umwelt sind Schlüsselfaktoren, die zum Wohlbefinden beitragen.

Die Lebensqualität wird maßgeblich durch soziale Determinanten wie Einkommen, Bildung, Arbeitsbedingungen und soziale Unterstützung beeinflusst. Ungleichheiten in diesen Bereichen können zu erheblichen Unterschieden im Wohlbefinden führen. Es ist daher wichtig, politische Maßnahmen zu entwickeln, die diese sozialen Determinanten adressieren und eine gerechtere Verteilung der Ressourcen fördern. Programme, die benachteiligte Gruppen unterstützen und ihnen den Zugang zu Gesundheitsdiensten und sozialen Ressourcen erleichtern, sind entscheidend, um die Lebensqualität für alle zu verbessern.

Achtsamkeit und Selbstfürsorge sind wesentliche Komponenten des Wohlbefindens. Achtsamkeitstechniken wie Meditation, Yoga und Atemübungen helfen den Menschen, im Moment präsent zu sein, Stress abzubauen und ihre emotionale Gesundheit zu stärken. Selbstfürsorge umfasst auch den bewussten Umgang mit den eigenen Bedürfnissen, das Setzen von Grenzen und die Pflege von sozialen Beziehungen. Bildungseinrichtungen, Arbeitsplätze und Gemeinschaf-

ten sollten Programme zur Förderung von Achtsamkeit und Selbstfürsorge unterstützen, um das Wohlbefinden der Menschen zu
verbessern.

# VIII.    Nachhaltige Entwicklung und Umweltschutz: Wege in eine grüne Zukunft

Nachhaltige Entwicklung und Umweltschutz sind zentrale Herausforderungen des 21. Jahrhunderts. Angesichts des Klimawandels, der Ressourcenknappheit und des Verlusts der biologischen Vielfalt ist es unerlässlich, neue Wege zu finden, um Wirtschaftswachstum mit ökologischer Verantwortung in Einklang zu bringen. Dieses Kapitel untersucht die Schlüsselstrategien und -initiativen, die notwendig sind, um eine nachhaltige und umweltfreundliche Zukunft zu gestalten.

## VIII.1    Klimaschutz und Energiewende: Herausforderungen und Lösungen

Der Klimaschutz und die Energiewende sind entscheidend, um die globalen Temperaturanstiege zu begrenzen und eine nachhaltige Energieversorgung sicherzustellen.

### VIII.1.1    Klimawandel: Ursachen, Folgen und Maßnahmen

Der Klimawandel ist eine der größten Herausforderungen, vor denen die Menschheit heute steht, und erfordert dringende und umfassende Maßnahmen.

Der Klimawandel wird unter anderem durch die Emission von Treibhausgasen (THG) verursacht, die bei der Verbrennung fossiler Brennstoffe, der Landwirtschaft und der Entwaldung freigesetzt werden. Kohlendioxid ($CO_2$) ist das bedeutendste dieser Gase, gefolgt von Methan ($CH_4$) und Lachgas ($N_2O$). Diese Gase halten Wärme in der Atmo-

93

sphäre zurück, was zu einem Anstieg der globalen Durchschnittstemperaturen führt.

Die Auswirkungen des Klimawandels sind bereits spürbar und betreffen alle Regionen der Welt. Zu den wichtigsten Folgen gehören extreme Wetterereignisse wie Hitzewellen, Dürren und Überschwemmungen, der Anstieg des Meeresspiegels, der Verlust von Lebensräumen und die Bedrohung der Nahrungsmittelsicherheit. Diese Veränderungen gefährden nicht nur die Umwelt, sondern auch die wirtschaftliche Stabilität und das menschliche Wohlergehen.

Um den Klimawandel zu bekämpfen, sind umfassende Maßnahmen auf globaler, nationaler und lokaler Ebene erforderlich. Dazu gehören die Reduzierung von Treibhausgasemissionen durch den Übergang zu erneuerbaren Energien, die Förderung energieeffizienter Technologien, die Wiederaufforstung und der Schutz von Wäldern sowie die Entwicklung nachhaltiger landwirtschaftlicher Praktiken. Internationale Abkommen wie das Pariser Abkommen von 2015 setzen klare Ziele zur Begrenzung der globalen Erwärmung und erfordern eine enge Zusammenarbeit zwischen den Ländern.

# VIII.1.2 Die Energiewende: Von fossilen Brennstoffen zu erneuerbaren Energien

Die Energiewende ist ein zentraler Bestandteil des Klimaschutzes und zielt darauf ab, den Übergang von fossilen Brennstoffen zu erneuerbaren Energiequellen zu beschleunigen.

Erneuerbare Energien wie Wind-, Solar-, Wasser- und Geothermie bieten das Potenzial, den globalen Energiebedarf auf nachhaltige Weise zu decken. Diese Technologien haben in den letzten Jahren erhebliche Fortschritte gemacht und sind zunehmend wettbewerbsfähig gegenüber fossilen Brennstoffen. Der Ausbau erneuerbarer Energien erfordert jedoch erhebliche Investitionen in Infrastruktur, technologische Innovationen und die Anpassung von Energiemärkten.

Neben dem Ausbau erneuerbarer Energien ist die Steigerung der Energieeffizienz ein wichtiger Bestandteil der Energiewende. Energieeffizienz bedeutet, dass weniger Energie benötigt wird, um dieselben Dienstleistungen oder Produkte zu erzeugen. Dies kann durch den Einsatz moderner Technologien, bessere Gebäudedämmung, effizientere Verkehrsmittel und die Optimierung industrieller Prozesse erreicht werden. Eine höhere Energieeffizienz trägt nicht nur zur Reduzierung von Treibhausgasemissionen bei, sondern senkt auch die Energiekosten und verringert die Abhängigkeit von Energieimporten.

Erfolgreiche Energiewende erfordert unterstützende politische Rahmenbedingungen, die den Übergang zu erneuerbaren Energien fördern und den Einsatz fossiler Brennstoffe schrittweise reduzieren. Regierungen müssen Anreize wie Subventionen für erneuerbare Energien, $CO_2$-Steuern und Emissionshandelssysteme einführen, um Investitionen in nachhaltige Energielösungen zu fördern. Die internationale Zusammenarbeit ist ebenfalls entscheidend, um den Austausch von Technologie, Wissen und Ressourcen zu erleichtern und sicherzustellen, dass alle Länder an der Energiewende teilnehmen.

# VIII.2 Nachhaltige Städte und Infrastruktur: Die Zukunft des urbanen Lebens

Städte spielen eine zentrale Rolle im Kampf gegen den Klimawandel und die Förderung nachhaltiger Entwicklung. Eine nachhaltige urbane Entwicklung erfordert eine grundlegende Transformation von Infrastrukturen, Mobilitätssystemen und der Art und Weise, wie wir Städte planen und nutzen.

## VIII.2.1 Urbane Nachhaltigkeit: Herausforderungen und Chancen

Städte sind sowohl Ursache als auch Lösung für viele der größten Umweltprobleme unserer Zeit.

95

Die fortschreitende Urbanisierung stellt Städte weltweit vor große Herausforderungen. Wachsende Bevölkerungszahlen, Verkehrsüberlastung, Luftverschmutzung, steigender Energieverbrauch und die Abfallbewirtschaftung sind nur einige der Probleme, mit denen Städte konfrontiert sind. Darüber hinaus sind viele Städte anfällig für die Auswirkungen des Klimawandels, wie Überschwemmungen und extreme Temperaturen.

Trotz dieser Herausforderungen bieten Städte auch erhebliche Chancen für die Förderung von Nachhaltigkeit. Durch intelligente Stadtplanung, die Förderung grüner Infrastruktur und den Einsatz moderner Technologien können Städte ihre Umweltauswirkungen verringern und die Lebensqualität ihrer Bewohner verbessern. Nachhaltige Stadtentwicklung umfasst Maßnahmen wie die Schaffung von grünen Flächen, die Förderung von öffentlichem Verkehr und Fahrradwegen, die Verbesserung der Energieeffizienz von Gebäuden und die Einführung nachhaltiger Wasser- und Abfallbewirtschaftungssysteme.

Einige Städte haben bereits bedeutende Fortschritte in Richtung Nachhaltigkeit gemacht und dienen als Vorbilder für andere. Beispiele hierfür sind Kopenhagen, das für seine Fahrradinfrastruktur und seine ehrgeizigen Klimaziele bekannt ist, und Singapur, das innovative Lösungen für Wasserknappheit und Abfallmanagement entwickelt hat. Diese Städte zeigen, dass nachhaltige Urbanisierung nicht nur möglich, sondern auch vorteilhaft für Umwelt und Wirtschaft ist.

# VIII.2.2 Infrastruktur und Mobilität: Nachhaltige Lösungen für die Zukunft

Die Entwicklung nachhaltiger Infrastrukturen und Mobilitätssysteme ist entscheidend für die Reduzierung von Treibhausgasemissionen und die Förderung eines umweltfreundlichen urbanen Lebens.

Nachhaltige Infrastrukturentwicklung umfasst den Bau und die Modernisierung von Gebäuden, Straßen, Energie- und Wasserversorgungssysteme, die sowohl ökologisch als auch ökonomisch tragfähig sind. Dies erfordert den Einsatz von umweltfreundlichen Baumaterialien, energieeffizienten Technologien und innovativen Konstruktionsmethoden, die die Lebensdauer und Widerstandsfähigkeit der Infrastrukturen erhöhen. Nachhaltige Infrastrukturprojekte sollten auch die Anpassung an den Klimawandel berücksichtigen und darauf abzielen, die Resilienz gegenüber extremen Wetterereignissen zu erhöhen.

Die Zukunft der Mobilität in Städten liegt in der Entwicklung nachhaltiger Verkehrssysteme, die den $CO_2$-Ausstoß reduzieren und den Raum effizienter nutzen. Dies umfasst die Förderung öffentlicher Verkehrsmittel, den Ausbau von Fahrrad- und Fußwegen sowie die Einführung emissionsfreier Fahrzeuge wie Elektroautos und Wasserstoffbusse. Carsharing, Bikesharing und andere Formen der geteilten Mobilität können ebenfalls dazu beitragen, die Abhängigkeit von privaten Autos zu verringern und den Verkehr in Städten zu entlasten.

Intelligente Städte nutzen digitale Technologien, um die Effizienz von Infrastrukturen und Mobilitätssystemen zu verbessern. Durch den Einsatz von Sensoren, Big Data und KI können Städte Verkehrsströme in Echtzeit steuern, Energieverbrauch optimieren und Dienstleistungen besser auf die Bedürfnisse der Bewohner abstimmen. Intelligente Verkehrssysteme, die autonomes Fahren und vernetzte Fahrzeuge integrieren, haben das Potenzial, den urbanen Verkehr sicherer, schneller und umweltfreundlicher zu gestalten.

# VIII.3 Ressourcenschonung und Kreislaufwirtschaft: Wege zur Minimierung von Abfall

Die Schonung von Ressourcen und die Umstellung auf eine Kreislaufwirtschaft sind zentrale Elemente einer nachhaltigen Entwicklung. Die Kreislaufwirtschaft bietet ein alternatives Wirtschaftsmodell, das auf der Wiederverwendung, Reparatur und dem Recycling von Materialien basiert und Abfall minimiert.

# VIII.3.1    Ressourceneffizienz und Abfallvermeidung

Ressourceneffizienz bedeutet, mehr aus weniger zu machen, indem Materialien und Energie effizienter genutzt und Abfälle vermieden werden.

Ressourceneffizienz kann auf verschiedene Weise erreicht werden, etwa durch die Optimierung von Produktionsprozessen, die Entwicklung langlebigerer Produkte und die Reduzierung von Materialverbrauch. Unternehmen können durch den Einsatz moderner Technologien, wie 3D-Druck und Automatisierung, ihre Ressourceneffizienz steigern und gleichzeitig ihre Kosten senken. Darüber hinaus spielt das Design von Produkten eine wichtige Rolle, indem es die Wiederverwendbarkeit    und    Recyclingfähigkeit    von    Materialien berücksichtigt.

Die Vermeidung von Abfall ist eine der effektivsten Strategien zur Ressourcenschonung. Dies kann durch die Förderung von Mehrwegsystemen, die Verringerung von Verpackungsmaterialien und die Unterstützung von Reparatur- und Wiederverwendungsinitiativen erreicht werden. Ein effektives Abfallmanagementsystem ist ebenfalls entscheidend, um sicherzustellen, dass Abfälle korrekt getrennt, recycelt und sicher entsorgt werden. Städte und Gemeinden können durch die Einführung von Abfalltrennungssystemen und die Förderung des Recyclings erhebliche Mengen an Müll reduzieren und wertvolle Ressourcen zurückgewinnen.

Ressourceneffizienz und Abfallvermeidung bieten sowohl wirtschaftliche als auch ökologische Vorteile. Unternehmen können durch den effizienteren Einsatz von Materialien und Energie ihre Produktionskosten senken und ihre Wettbewerbsfähigkeit steigern. Gleichzeitig trägt die Reduzierung von Abfällen dazu bei, die Umweltbelastung zu verringern und natürliche Ressourcen zu schonen, was langfristig zu einer nachhaltigeren Wirtschaft führt.

# VIII.3.2 Kreislaufwirtschaft: Ein neues Wirtschaftsmodell

Die Kreislaufwirtschaft stellt einen Paradigmenwechsel gegenüber der traditionellen linearen Wirtschaftsweise dar, die auf dem Prinzip "Take, Make, Waste" basiert.

Die Kreislaufwirtschaft basiert auf den Prinzipien der Wiederverwendung, Reparatur, Aufarbeitung und des Recyclings von Produkten und Materialien. Anstatt Produkte nach einmaliger Nutzung zu entsorgen, zielt die Kreislaufwirtschaft darauf ab, den Lebenszyklus von Materialien zu verlängern und Abfall auf ein Minimum zu reduzieren. Dies erfordert eine enge Zusammenarbeit zwischen Herstellern, Konsumenten und Recyclingunternehmen, um geschlossene Kreisläufe zu schaffen.

Viele Unternehmen und Städte haben bereits erfolgreiche Kreislaufwirtschaftsmodelle implementiert. Beispielsweise fördern einige Elektronikhersteller die Rücknahme und Wiederverwertung alter Geräte, um wertvolle Materialien zurückzugewinnen. In der Modeindustrie setzen Unternehmen auf Recycling-Textilien und Mietmodelle, um den Ressourcenverbrauch zu senken. Städte wie Amsterdam entwickeln Kreislaufwirtschaftsstrategien, die auf nachhaltiges Bauen, Abfallvermeidung und die Schaffung neuer Arbeitsplätze in der Recyclingindustrie abzielen.

Obwohl die Kreislaufwirtschaft erhebliche Vorteile bietet, stehen Unternehmen und Regierungen vor Herausforderungen bei ihrer Umsetzung. Diese umfassen die Notwendigkeit von Investitionen in neue Technologien und Infrastrukturen, regulatorische Anpassungen und die Überwindung von Widerständen in etablierten Wirtschaftsstrukturen. Dennoch bietet die Kreislaufwirtschaft erhebliche Chancen, umweltfreundliche Innovationen voranzutreiben, neue Märkte zu erschließen und eine nachhaltigere Zukunft zu schaffen.

# VIII.4 Biodiversität und Naturschutz: Erhaltung der natürlichen Lebensräume

Die Erhaltung der Biodiversität und der Schutz natürlicher Lebensräume sind entscheidend für das Gleichgewicht der Ökosysteme und das Überleben vieler Arten, einschließlich des Menschen.

## VIII.4.1 Verlust der Biodiversität: Ursachen und Auswirkungen

Der Verlust der Biodiversität ist eine der größten Bedrohungen für die Umwelt und das Leben auf der Erde.

Der Verlust der Biodiversität wird durch eine Vielzahl von Faktoren verursacht, darunter Habitatzerstörung, Umweltverschmutzung, Klimawandel, Übernutzung natürlicher Ressourcen und die Einführung invasiver Arten. Die Ausweitung der Landwirtschaft, Urbanisierung und die industrielle Nutzung von Landflächen führen zur Zerstörung von Wäldern, Feuchtgebieten und anderen natürlichen Lebensräumen, was das Überleben vieler Arten gefährdet.

Der Verlust der Biodiversität hat weitreichende Auswirkungen auf Ökosysteme und die menschliche Gesellschaft. Ökosysteme, die reich an Artenvielfalt sind, bieten eine Vielzahl von Dienstleistungen, die für das menschliche Leben unerlässlich sind, darunter Bestäubung, Wasserreinigung, Bodenfruchtbarkeit und Klimaregulierung. Der Verlust von Arten und Lebensräumen kann zu einem Zusammenbruch dieser Ökosysteme führen, was nicht nur die Umwelt, sondern auch die Wirtschaft und die Lebensqualität der Menschen beeinträchtigt.

Um den Verlust der Biodiversität zu stoppen, sind dringende und koordinierte Maßnahmen erforderlich. Dies umfasst den Schutz von Naturschutzgebieten, die Wiederherstellung zerstörter Lebensräume, den nachhaltigen Umgang mit natürlichen Ressourcen und die Reduzierung von Umweltverschmutzung. Internationale Abkommen wie die Biodiversitätskonvention zielen darauf ab, den globalen Biodiversitätsverlust zu stoppen und die Erhaltung der Artenvielfalt zu fördern.

## VIII.4.2 Naturschutz und Wiederherstellung von Ökosystemen

Der Naturschutz und die Wiederherstellung von Ökosystemen sind entscheidend, um die Biodiversität zu schützen und die Resilienz der Umwelt zu stärken.

Die Einrichtung von Schutzgebieten und Naturreservaten ist eine der effektivsten Maßnahmen zur Erhaltung der Biodiversität. Diese Gebiete bieten geschützte Lebensräume für gefährdete Arten und ermöglichen die Erholung von Ökosystemen. Schutzgebiete können auf verschiedenen Ebenen eingerichtet werden, von lokalen Naturparks bis hin zu großen Nationalparks und Biosphärenreservaten. Sie spielen eine wichtige Rolle bei der Erhaltung von Lebensräumen und der Förderung des ökologischen Gleichgewichts.

Die Wiederherstellung zerstörter oder degradierter Ökosysteme ist ein wichtiger Schritt zur Förderung der Biodiversität und zur Verbesserung der Umweltgesundheit. Wiederaufforstungsprojekte, die Wiederherstellung von Feuchtgebieten und die Renaturierung von Flüssen sind Beispiele für erfolgreiche Ökosystemrestaurationsprojekte. Diese Initiativen tragen nicht nur zur Erholung von Lebensräumen bei, sondern bieten auch Vorteile wie die Verbesserung der Wasserqualität, die Speicherung von Kohlenstoff und die Bereitstellung von Lebensgrundlagen für lokale Gemeinschaften.

Die Beteiligung lokaler Gemeinschaften und die Achtung der Rechte indigener Völker sind entscheidend für den erfolgreichen Naturschutz. Indigene Gemeinschaften verfügen oft über ein tiefes Wissen über ihre Umwelt und haben über Jahrhunderte hinweg nachhaltige Praktiken entwickelt. Der Schutz indigener Landrechte und die Einbeziehung lokaler Gemeinschaften in Naturschutzprojekte fördern nicht nur die Biodiversität, sondern auch soziale Gerechtigkeit und wirtschaftliche Entwicklung.

# IX. Soziale Gerechtigkeit und Menschenrechte: Herausforderungen und Perspektiven

Soziale Gerechtigkeit und Menschenrechte sind fundamentale Prinzipien, die das menschliche Zusammenleben prägen. Sie sind die Grundlage für eine faire und inklusive Gesellschaft, in der alle Menschen unabhängig von ihrer Herkunft, ihrem Geschlecht, ihrer Religion oder ihrem sozialen Status gleiche Rechte und Chancen haben. Dieses Kapitel beleuchtet die wichtigsten Herausforderungen und Perspektiven in den Bereichen soziale Gerechtigkeit und Menschenrechte und zeigt Wege auf, wie diese Prinzipien in der modernen Welt gefördert und geschützt werden können.

## IX.1 Gleichstellung und Inklusion: Fortschritte und Hindernisse

Gleichstellung und Inklusion sind zentrale Aspekte sozialer Gerechtigkeit. Obwohl in den letzten Jahrzehnten erhebliche Fortschritte erzielt wurden, bestehen immer noch viele Hindernisse, die überwunden werden müssen.

### IX.1.1 Geschlechtergleichstellung: Herausforderungen und Erfolge

Geschlechtergleichstellung ist ein wesentlicher Bestandteil der sozialen Gerechtigkeit und bleibt eine der größten Herausforderungen weltweit.

Trotz bedeutender Fortschritte in den letzten Jahrzehnten bleibt die Geschlechterungleichheit in vielen Bereichen bestehen. Frauen sind in der Politik, in Führungspositionen und in der Wirtschaft nach wie vor unterrepräsentiert. Geschlechtsspezifische Lohnunterschiede bestehen weiterhin, und Frauen tragen oft die Hauptlast der unbezahlten Arbeit in Haushalt und Familie. Darüber hinaus sind Frauen weltweit häufiger von geschlechtsspezifischer Gewalt betroffen, sei es durch häusliche Gewalt, sexuelle Belästigung oder Menschenhandel.

Es gibt jedoch auch bedeutende Erfolge bei der Förderung der Geschlechtergleichstellung. In vielen Ländern wurden Gesetze und Richtlinien eingeführt, um Diskriminierung zu bekämpfen und die Rechte von Frauen zu stärken. Die Zahl der Frauen in Bildungseinrichtungen, insbesondere im Hochschulbereich, ist weltweit gestiegen, und Frauen haben zunehmend Zugang zu wirtschaftlichen Ressourcen und Entscheidungsprozessen. Internationale Initiativen wie UN Women und der Global Gender Gap Report tragen dazu bei, das Bewusstsein für geschlechtsspezifische Ungleichheiten zu schärfen und politische Maßnahmen zu fördern.

Um die Geschlechtergleichstellung weiter voranzutreiben, ist es notwendig, bestehende Gesetze und Richtlinien konsequent umzusetzen und neue Strategien zu entwickeln, um tief verwurzelte gesellschaftliche Normen und Stereotypen zu überwinden. Dies erfordert eine verstärkte Zusammenarbeit zwischen Regierungen, der Zivilgesellschaft und der Privatwirtschaft. Bildung, wirtschaftliche Empowerment-Programme und der Zugang zu Gesundheitsdiensten, einschließlich reproduktiver Gesundheitsversorgung, sind entscheidend, um die Gleichstellung der Geschlechter nachhaltig zu fördern.

# IX.1.2 Inklusion von Minderheiten und benachteiligten Gruppen

Inklusion bedeutet, dass alle Menschen, unabhängig von ihren individuellen Eigenschaften oder Hintergründen, gleichberechtigt an allen gesellschaftlichen Prozessen teilnehmen können.

Viele Minderheiten und benachteiligte Gruppen, einschließlich ethnischer und religiöser Minderheiten, Menschen mit Behinderungen, LGBTQ+-Personen und Migranten, sind nach wie vor mit erheblichen Barrieren konfrontiert, die ihre Teilhabe an der Gesellschaft einschränken. Diskriminierung, Vorurteile und soziale Ausgrenzung tragen dazu bei, dass diese Gruppen oft schlechteren Zugang zu Bildung, Beschäftigung, Gesundheitsversorgung und rechtlichem Schutz haben. In vielen Ländern bestehen zudem gesetzliche und institutionelle Hürden, die die Gleichstellung und Inklusion dieser Gruppen behindern.

Um Inklusion zu fördern, müssen Regierungen und Gesellschaften Maßnahmen ergreifen, um Diskriminierung abzubauen und gleiche Chancen für alle zu gewährleisten. Dies umfasst die Einführung und Durchsetzung von Antidiskriminierungsgesetzen, die Förderung von Diversität in Bildung und am Arbeitsplatz sowie die Schaffung barrierefreier Umgebungen für Menschen mit Behinderungen. Bildungsprogramme, die das Bewusstsein für die Rechte von Minderheiten und benachteiligten Gruppen schärfen und Empathie fördern, sind ebenfalls von entscheidender Bedeutung.

In vielen Ländern gibt es erfolgreiche Inklusionsinitiativen, die als Vorbild dienen können. Beispielsweise haben einige Länder umfassende Programme zur Integration von Menschen mit Behinderungen in den Arbeitsmarkt entwickelt, die sowohl die Anpassung von Arbeitsplätzen als auch die berufliche Ausbildung fördern. Auch in der Bildung gibt es Fortschritte, etwa durch inklusive Schulmodelle, die den gemeinsamen Unterricht von Kindern mit und ohne Behinderungen ermöglichen. Solche Initiativen zeigen, dass Inklusion nicht nur möglich, sondern auch vorteilhaft für die gesamte Gesellschaft ist.

# IX.2 Menschenrechte in der digitalen Ära: Schutz und Förderung

Die Digitalisierung hat das Leben der Menschen tiefgreifend verändert und neue Herausforderungen für den Schutz und die Förderung der Menschenrechte geschaffen.

## IX.2.1 Digitale Rechte und Datenschutz

In einer zunehmend vernetzten Welt werden digitale Rechte und Datenschutz zu zentralen Themen der Menschenrechtsdebatte.

Der Schutz personenbezogener Daten ist in der digitalen Ära von größter Bedeutung, da immer mehr Informationen online gesammelt, gespeichert und verarbeitet werden. Ohne angemessene Schutzmaßnahmen können persönliche Daten missbraucht werden, sei es durch Cyberkriminalität, unethische Geschäftspraktiken oder staatliche Überwachung. Die zunehmende Verbreitung von Überwachungstechnologien, einschließlich Gesichtserkennung und Datenanalyse, stellt eine Bedrohung für die Privatsphäre und die persönlichen Freiheiten dar.

Das Recht auf Privatsphäre ist ein grundlegendes Menschenrecht, das in der digitalen Welt verteidigt werden muss. Menschen haben das Recht, die Kontrolle über ihre persönlichen Daten zu behalten und darüber zu entscheiden, wie diese verwendet werden. Digitale Selbstbestimmung bedeutet auch, dass Menschen das Recht haben, ihre digitale Identität zu schützen und sich frei im Internet zu bewegen, ohne Angst vor Überwachung oder Missbrauch ihrer Daten haben zu müssen.

Um digitale Rechte und den Datenschutz zu gewährleisten, sind klare gesetzliche Regelungen und internationale Zusammenarbeit erforderlich. Regierungen müssen Gesetze einführen, die den Schutz personenbezogener Daten sicherstellen und Unternehmen dazu verpflichten, verantwortungsvoll mit den Daten ihrer Kunden umzuge-hen. Internationale Abkommen, wie die Datenschutz-Grundverord-nung (DSGVO) der Europäischen Union, bieten einen Rahmen für den Schutz digitaler Rechte und dienen als Vorbild für andere Länder.

# IX.2.2 Menschenrechte und künstliche Intelligenz: Chancen und Risiken

Die rasante Entwicklung der Künstlichen Intelligenz (KI) bringt sowohl Chancen als auch Risiken für die Menschenrechte mit sich.

KI hat das Potenzial, das Leben der Menschen in vielerlei Hinsicht zu verbessern, sei es durch die Verbesserung der Gesundheitsversor-gung, die Steigerung der Effizienz von Dienstleistungen oder die Un-terstützung von Entscheidungsprozessen in der Justiz. KI kann dazu beitragen, Ungleichheiten zu verringern, indem sie den Zugang zu Ressourcen und Dienstleistungen für benachteiligte Gruppen erleich-tert. Darüber hinaus kann KI dabei helfen, Menschenrechtsverletzun-gen aufzudecken und zu dokumentieren, etwa durch die Analyse großer Datenmengen oder die Überwachung von Konfliktgebieten.

Gleichzeitig birgt die Anwendung von KI erhebliche Risiken für die Menschenrechte. Dazu gehören die Gefahr von Diskriminierung und Vorurteilen, wenn KI-Systeme auf verzerrten Daten trainiert werden, sowie die Möglichkeit, dass KI zur Massenüberwachung oder zur Un-terdrückung von Meinungsfreiheit und politischen Rechten einge-setzt wird. Darüber hinaus gibt es Bedenken hinsichtlich der Transpa-renz und Rechenschaftspflicht von KI-Systemen, insbesondere wenn sie Entscheidungen treffen, die das Leben von Menschen erheblich beeinflussen.

Um die Chancen der KI zu nutzen und gleichzeitig die Risiken zu mini-mieren, müssen ethische Leitlinien und regulatorische Rahmenbedin-gungen entwickelt werden. Diese sollten sicherstellen, dass KI-Syste-me transparent, fair und verantwortungsvoll eingesetzt werden. Ethi-sche Leitlinien für den Einsatz von KI sollten den Schutz der Men-

schenrechte in den Mittelpunkt stellen und Mechanismen zur Rechenschaftspflicht und zum Schutz vor Missbrauch beinhalten. Internationale Zusammenarbeit ist entscheidend, um gemeinsame Standards
und Best Practices für den Einsatz von KI zu entwickeln und ihre Umsetzung zu überwachen.

# IX.3 Armutsbekämpfung und soziale Sicherungssysteme: Ansätze für eine gerechtere Welt

Armut ist eine der größten Herausforderungen für die soziale Gerechtigkeit und die Menschenrechte. Soziale Sicherungssysteme spielen
eine entscheidende Rolle bei der Bekämpfung von Armut und der
Förderung sozialer Gerechtigkeit.

## IX.3.1 Ursachen und Folgen von Armut

Armut hat tiefgreifende Auswirkungen auf das Leben der Menschen
und die Gesellschaft als Ganzes.

Die Ursachen von Armut sind vielfältig und umfassen wirtschaftliche,
soziale und politische Faktoren. Zu den wichtigsten Ursachen gehören
Arbeitslosigkeit, unzureichende Bildung, soziale Ungleichheit, Diskriminierung und politische Instabilität, Fatalismus, Pflegma und fehlender persönlicher Wille den eigenen Status zu ändern. Globale Faktoren wie die Auswirkungen des Klimawandels, wirtschaftliche Krisen
und Konflikte verschärfen die Armut in vielen Regionen der Welt. Armut wird oft von Generation zu Generation weitergegeben, was es
schwierig macht, den Teufelskreis zu durchbrechen.

Armut hat weitreichende Folgen für die Betroffenen und die Gesellschaft. Menschen, die in Armut leben, haben oft keinen Zugang zu
ausreichender Nahrung, Bildung, Gesundheitsversorgung und Wohn-

raum. Armut beeinträchtigt die Lebensqualität, die Gesundheit und die Lebenserwartung. Zudem führt Armut zu sozialer Ausgrenzung, Diskriminierung und einem Mangel an Möglichkeiten, am wirtschaftlichen und gesellschaftlichen Leben teilzunehmen. Die Bekämpfung der Armut ist daher nicht nur eine Frage der Gerechtigkeit, sondern auch ein wichtiger Schritt zur Förderung von Frieden und Stabilität in der Gesellschaft.

## IX.3.2 Soziale Sicherungssysteme: Schutz und Unterstützung für alle

Soziale Sicherungssysteme sind ein zentraler Bestandteil der Armutsbekämpfung und der Förderung sozialer Gerechtigkeit.

Soziale Sicherungssysteme bieten Schutz und Unterstützung für Menschen in schwierigen Lebenslagen, sei es durch Arbeitslosengeld, Renten, Gesundheitsversorgung oder Sozialhilfe. Diese Systeme tragen dazu bei, Armut zu verhindern oder zu lindern, indem sie den Menschen ein Mindestmaß an Einkommen und Zugang zu grundlegenden Dienstleistungen gewährleisten. Soziale Sicherungssysteme sind auch entscheidend, um soziale Ungleichheiten zu verringern und den sozialen Zusammenhalt zu stärken.

Trotz ihrer Bedeutung stehen soziale Sicherungssysteme weltweit vor erheblichen Herausforderungen. In vielen Ländern sind diese Systeme unterfinanziert oder erreichen nicht alle bedürftigen Bevölkerungsgruppen. Demografische Veränderungen, wie die Alterung der Bevölkerung, stellen zusätzliche Belastungen für die Sozialsysteme dar. Es besteht ein zunehmender Bedarf an Reformen, um die Nachhaltigkeit und Wirksamkeit sozialer Sicherungssysteme zu gewährleisten. Dies umfasst die Anpassung der Systeme an die sich verändernden Arbeitsmärkte, die Ausweitung des Zugangs zu Sozialschutzmaßnahmen und die Verbesserung der Effizienz bei der Bereitstellung von Leistungen.

Innovative Ansätze zur sozialen Sicherung umfassen die Einführung von bedingungslosem Grundeinkommen, die Integration digitaler Technologien in die Bereitstellung von Sozialleistungen und die Entwicklung neuer Finanzierungsmodelle. Internationale Zusammenarbeit ist entscheidend, um bewährte Praktiken auszutauschen und Länder bei der Entwicklung und Umsetzung wirksamer sozialer Sicherungssysteme zu unterstützen. Organisationen wie die Internationale Arbeitsorganisation (ILO) spielen eine wichtige Rolle bei der Förderung sozialer Sicherheit als universelles Menschenrecht.

# IX.4 Bildung und Empowerment: Schlüssel zur sozialen Mobilität

Bildung und Empowerment sind zentrale Elemente der sozialen Gerechtigkeit und der Förderung von Menschenrechten. Sie sind die Grundlage für soziale Mobilität und die Schaffung einer fairen und inklusiven Gesellschaft.

## IX.4.1 Bildung als Menschenrecht: Zugang und Qualität

Bildung ist ein grundlegendes Menschenrecht und der Schlüssel zur Befähigung von Individuen und Gemeinschaften.

Trotz internationaler Anstrengungen haben Millionen von Kindern und Erwachsenen weltweit keinen Zugang zu qualitativ hochwertiger Bildung. Barrieren wie Armut, geschlechtsspezifische Diskriminierung, geografische Isolation, Konflikte und kulturelle Vorurteile hindern viele Menschen daran, ihre Bildungsrechte wahrzunehmen. Besonders betroffen sind Mädchen, Kinder mit Behinderungen und Kinder aus marginalisierten Gemeinschaften.

Der Zugang zu Bildung allein reicht nicht aus; die Qualität der Bildung ist ebenso wichtig. Eine qualitativ hochwertige Bildung fördert nicht nur grundlegende Kenntnisse und Fähigkeiten, sondern auch kritisches Denken, Kreativität und soziale Kompetenzen. Bildungseinrichtungen müssen sicherstellen, dass sie allen Schülern eine Lernumgebung bieten, die ihre individuellen Bedürfnisse berücksichtigt und sie auf die Herausforderungen der modernen Welt vorbereitet.

Internationale Initiativen wie die Bildungsziele für nachhaltige Entwicklung (SDG 4) der Vereinten Nationen setzen sich dafür ein, dass alle Menschen Zugang zu inklusiver, gerechter und hochwertiger Bildung erhalten. Fortschritte wurden in vielen Bereichen erzielt, insbesondere bei der Einschulung in die Grundschule und der Alphabetisierung von Erwachsenen. Es besteht jedoch weiterhin Handlungsbedarf, um sicherzustellen, dass niemand zurückgelassen wird und alle Menschen die Bildung erhalten, die sie für ein erfülltes und produktives Leben benötigen.

# IX.4.2 Empowerment durch Bildung: Soziale Mobilität und Teilhabe

Bildung ist ein mächtiges Werkzeug, um Individuen zu befähigen und soziale Mobilität zu fördern.

Bildung bietet den Menschen die Möglichkeit, ihre sozialen und wirtschaftlichen Bedingungen zu verbessern und sich aus der Armut zu befreien. Sie eröffnet Zugang zu besseren Beschäftigungsmöglichkeiten, erhöht das Einkommen und verbessert die Lebensqualität. Bildung trägt auch dazu bei, soziale Ungleichheiten abzubauen, indem sie Menschen die Fähigkeiten und das Wissen vermittelt, die sie benötigen, um aktiv am wirtschaftlichen, politischen und gesellschaftlichen Leben teilzunehmen.

Die Bildung von Frauen und Mädchen ist besonders wichtig für die Förderung von sozialer Gerechtigkeit und Menschenrechten. Wenn Frauen und Mädchen Zugang zu Bildung haben, sind sie besser in der Lage, ihre Rechte wahrzunehmen, wirtschaftliche Unabhängigkeit zu erlangen und einen positiven Einfluss auf ihre Gemeinschaften auszuüben. Bildungsprogramme, die sich gezielt an Mädchen und Frauen richten, tragen zur Reduzierung geschlechtsspezifischer Ungleichheiten bei und fördern die Gleichstellung der Geschlechter.

Bildung ist auch ein Schlüssel zur Förderung von bürgerschaftlichem Engagement und der Teilhabe am politischen Leben. Durch Bildung lernen Menschen ihre Rechte und Pflichten als Bürger kennen und entwickeln die Fähigkeiten, die notwendig sind, um sich aktiv an politischen Prozessen zu beteiligen. Bildungsprogramme, die auf bürgerschaftliches Engagement abzielen, fördern die Demokratie und tragen dazu bei, dass Menschen ihre Stimme erheben und sich für soziale Gerechtigkeit einsetzen.

# X. Innovation und Unternehmertum: Treiber des Wandels

Innovation und Unternehmertum sind entscheidende Kräfte, die den wirtschaftlichen und gesellschaftlichen Wandel vorantreiben. Sie fördern das Wachstum neuer Branchen, schaffen Arbeitsplätze und bieten Lösungen für komplexe Herausforderungen. In diesem Kapitel werden die Schlüsselrollen von Innovation und Unternehmertum in der modernen Welt beleuchtet und die Strategien und Herausforderungen untersucht, die mit der Förderung eines dynamischen Innovations- und Unternehmensumfelds verbunden sind.

## X.1 Startups und disruptive Innovationen: Chancen und Risiken

Startups und disruptive Innovationen sind die Motoren für wirtschaftliche Transformation und technologischen Fortschritt. Sie haben das Potenzial, bestehende Märkte zu verändern und neue Industrien zu schaffen.

### X.1.1 Startups: Motoren des Wachstums

Startups sind junge, wachstumsorientierte Unternehmen, die oft mit innovativen Ideen und Geschäftsmodellen neue Märkte erschließen.

Startups zeichnen sich durch ihre Innovationsfähigkeit, ihre Agilität und ihre Bereitschaft, Risiken einzugehen, aus. Sie entwickeln neue Produkte oder Dienstleistungen, die oft bestehende Marktstrukturen in Frage stellen. Aufgrund ihrer Größe und Flexibilität können Startups schnell auf Marktveränderungen reagieren und neue Chancen nutzen. Sie tragen zur Schaffung neuer Arbeitsplätze bei und sind oft Wegbereiter für technologische Fortschritte und neue Branchen.

113

Die Entwicklung eines Startups verläuft typischerweise in mehreren Phasen, von der Ideenfindung und dem Markttest über die Skalierung bis hin zur Etablierung am Markt. In der Anfangsphase stehen die Identifizierung einer Marktlücke und die Entwicklung eines Minimum Viable Product (MVP) im Vordergrund. Sobald das Startup erste Erfolge erzielt hat, konzentriert es sich auf die Skalierung seines Geschäftsmodells und die Gewinnung von Investoren. In der Reifephase geht es schließlich darum, das Unternehmen zu festigen und langfristige Wachstumsstrategien zu entwickeln.

Startups stehen vor zahlreichen Herausforderungen, darunter die Beschaffung von Kapital, die Rekrutierung talentierter Mitarbeiter, die Markteinführung und das Management von Wachstum. Viele Startups scheitern in den ersten Jahren ihres Bestehens, sei es aufgrund von Marktfehleinschätzungen, finanziellem Mangel oder ineffizientem Management. Dennoch bieten Startups erhebliche Chancen für Gründer, Investoren und Gesellschaften, indem sie neue Märkte erschließen und innovative Lösungen für bestehende Probleme entwickeln.

# X.1.2 Disruptive Innovationen: Märkte verändern

Disruptive Innovationen verändern bestehende Märkte, indem sie neue Technologien oder Geschäftsmodelle einführen, die traditionelle Marktführer herausfordern.

Disruptive Innovationen entstehen, wenn neue Technologien oder Geschäftsmodelle auf den Markt kommen, die bestehende Produkte oder Dienstleistungen verdrängen oder völlig neue Märkte schaffen. Diese Innovationen beginnen oft in Nischenmärkten, werden jedoch schnell zum Mainstream, wenn sie günstiger, zugänglicher oder leistungsfähiger als bestehende Lösungen sind. Ein bekanntes Beispiel ist die digitale Fotografie, die die traditionelle Filmfotografie nahezu vollständig verdrängt hat.

Zu den bekanntesten disruptiven Innovationen gehören die Einführung des Smartphones, das den Markt für mobile Kommunikation revolutionierte, und Streaming-Dienste wie Netflix, die das traditionelle Fernseh- und Filmgeschäft verändert haben. Auch die Sharing Economy, angeführt von Unternehmen wie Airbnb und Uber, hat traditionelle Branchen wie Hotellerie und Taxiunternehmen disruptiv verändert. Diese Innovationen haben nicht nur die Art und Weise, wie Menschen Produkte und Dienstleistungen konsumieren, verändert, sondern auch die Erwartungen der Verbraucher grundlegend neu definiert.

Disruptive Innovationen bringen auch Risiken und Herausforderungen mit sich. Sie können bestehende Geschäftsmodelle destabilisieren, Arbeitsplätze gefährden und zu Unsicherheit auf den Märkten führen. Unternehmen, die sich nicht anpassen, laufen Gefahr, ihre Marktposition zu verlieren. Darüber hinaus können disruptive Innovationen auch ethische und regulatorische Fragen aufwerfen, insbesondere in Bereichen wie Datenschutz, Arbeitsplatzsicherheit und fairem Wettbewerb. Es ist wichtig, dass Regierungen und Unternehmen Mechanismen entwickeln, um die negativen Auswirkungen disruptiver Innovationen zu bewältigen und gleichzeitig ihre Vorteile zu maximieren.

# X.2 Finanzierung von Innovationen: Venture Capital und Crowdfunding

Die Finanzierung von Innovationen ist entscheidend für die Entwicklung und das Wachstum von Startups und innovativen Projekten. Venture Capital und Crowdfunding sind zwei der wichtigsten Methoden, um Kapital für innovative Unternehmen zu beschaffen.

## X.2.1 Venture Capital: Risikokapital für Startups

Venture Capital (VC) ist eine Form der Finanzierung, bei der Investoren Kapital in Startups investieren, die ein hohes Wachstumspotenzial, aber auch ein hohes Risiko aufweisen.

Venture Capital spielt eine zentrale Rolle bei der Finanzierung von Startups, insbesondere in den frühen Phasen ihrer Entwicklung. VC-Investoren stellen nicht nur Kapital bereit, sondern bringen oft auch wertvolles Fachwissen, Netzwerke und Managementunterstützung ein. Im Gegenzug erhalten sie Eigenkapitalanteile an dem Unternehmen und hoffen auf eine hohe Rendite, wenn das Startup erfolgreich wird und möglicherweise an die Börse geht oder von einem größeren Unternehmen aufgekauft wird.

Die Venture-Capital-Finanzierung erfolgt in mehreren Phasen, angefangen mit der Seed-Finanzierung, die dazu dient, eine Geschäftsidee zu entwickeln und erste Markttests durchzuführen. Danach folgen die Series-A-, B- und C-Runden, die das Wachstum des Unternehmens finanzieren und es ihm ermöglichen, neue Märkte zu erschließen, die Produktentwicklung voranzutreiben und die Markteinführung zu beschleunigen. In jeder Finanzierungsrunde wird das Risiko für die Investoren kleiner, während die Unternehmensbewertung steigt.

Obwohl Venture Capital eine wichtige Quelle für Startup-Finanzierung ist, bringt es auch Herausforderungen mit sich. Für Gründer kann es schwierig sein, Investoren zu finden, die bereit sind, in ein risikoreiches Unternehmen zu investieren. Darüber hinaus können VC-Investoren Einfluss auf das Management und die strategische Ausrichtung des Unternehmens nehmen, was zu Konflikten führen kann. Es ist wichtig, dass Gründer sorgfältig prüfen, welche Investoren sie an Bord holen, um sicherzustellen, dass die Interessen aller Parteien ausgerichtet sind.

# X.2.2 Crowdfunding: Finanzierung durch die Masse

Crowdfunding ist eine alternative Finanzierungsform, bei der eine große Anzahl von Menschen kleine Beiträge leistet, um ein Projekt oder Unternehmen zu unterstützen.

Es gibt verschiedene Arten von Crowdfunding, darunter Belohnungs-Crowdfunding, bei dem Unterstützer im Gegenzug für ihre Beiträge

Produkte oder Dienstleistungen erhalten; Eigenkapital-Crowdfunding, bei dem Investoren Eigenkapitalanteile erwerben; und Kredit-Crowdfunding, bei dem Unterstützer dem Unternehmen Geld leihen, das später mit Zinsen zurückgezahlt wird. Jede dieser Formen bietet unterschiedliche Vor- und Nachteile für Unternehmer und Investoren.

Crowdfunding bietet Startups und kleinen Unternehmen die Möglichkeit, Kapital zu beschaffen, ohne auf traditionelle Finanzierungsquellen angewiesen zu sein. Es ermöglicht Unternehmen, ihre Ideen direkt mit potenziellen Kunden zu testen und gleichzeitig eine Community aufzubauen, die das Produkt oder die Dienstleistung unterstützt. Für Investoren bietet Crowdfunding die Möglichkeit, in frühe Phasen von Unternehmen zu investieren, die sie interessieren, und gleichzeitig eine größere Diversifizierung ihrer Anlagen zu erreichen.

Trotz seiner Vorteile bringt Crowdfunding auch Risiken mit sich. Es kann schwierig sein, genügend Unterstützer zu finden, insbesondere in einem wettbewerbsintensiven Markt. Darüber hinaus gibt es rechtliche und regulatorische Herausforderungen, insbesondere im Bereich des Eigenkapital-Crowdfunding, wo strenge Vorschriften zum Schutz der Investoren gelten. Es besteht auch das Risiko, dass ein Projekt scheitert und die Unterstützer ihr Geld verlieren. Unternehmen, die Crowdfunding nutzen, müssen daher transparente Kommunikationsstrategien entwickeln und sicherstellen, dass sie die Erwartungen ihrer Unterstützer erfüllen können.

# X.3 Unternehmerische Verantwortung und Ethik: Nachhaltiges Wirtschaften

Unternehmerische Verantwortung und Ethik sind entscheidende Faktoren für den langfristigen Erfolg von Unternehmen. In einer Welt, in der Konsumenten und Investoren zunehmend auf ethische Geschäftspraktiken achten, müssen Unternehmen sicherstellen, dass sie nachhaltig und verantwortungsbewusst wirtschaften.

117

# X.3.1 Corporate Social Responsibility (CSR): Mehr als nur ein Trend

Corporate Social Responsibility (CSR) bezieht sich auf die Verantwortung von Unternehmen gegenüber der Gesellschaft und der Umwelt, über die bloße Gewinnmaximierung hinaus.

CSR ist heute mehr als nur ein Trend; es ist zu einem wesentlichen Bestandteil der Geschäftsstrategie vieler Unternehmen geworden. Unternehmen, die CSR ernst nehmen, setzen sich aktiv für soziale und ökologische Belange ein, sei es durch nachhaltige Lieferketten, faire Arbeitsbedingungen, Umweltschutzmaßnahmen oder gemeinnützige Initiativen. CSR stärkt nicht nur das Markenimage und das Vertrauen der Verbraucher, sondern kann auch zu Kosteneinsparungen, höherer Mitarbeiterzufriedenheit und einer stärkeren Bindung an die Gemeinschaft führen.

Viele Unternehmen haben erfolgreiche CSR-Strategien entwickelt, die als Vorbilder dienen können. Beispielsweise engagieren sich einige Unternehmen stark im Klimaschutz, indem sie ihre $CO_2$-Emissionen reduzieren, auf erneuerbare Energien umstellen und nachhaltige Produkte entwickeln. Andere setzen sich für die Rechte von Arbeitnehmern in ihren globalen Lieferketten ein oder unterstützen Bildungsprogramme und soziale Projekte in ihren Gemeinschaften. Diese Beispiele zeigen, dass CSR nicht nur moralisch richtig ist, sondern auch wirtschaftlich vorteilhaft sein kann.

Trotz der Vorteile von CSR stehen Unternehmen oft vor Herausforderungen bei der Umsetzung solcher Strategien. Dies kann den Widerstand interner Interessengruppen, die hohen Kosten für nachhaltige Initiativen oder die Schwierigkeiten bei der Messung und Kommunikation der Auswirkungen von CSR-Maßnahmen umfassen. Unternehmen müssen klare Ziele setzen, ihre CSR-Strategien in die gesamte Geschäftsstrategie integrieren und offen und transparent über ihre Fortschritte berichten, um den vollen Nutzen aus CSR zu ziehen.

# X.3.2 Ethik in der Unternehmensführung: Verantwortung und Transparenz

Ethik in der Unternehmensführung bezieht sich auf die moralischen Prinzipien, die das Verhalten und die Entscheidungsfindung in Unternehmen leiten.

Ethische Unternehmensführung ist entscheidend, um das Vertrauen der Stakeholder – einschließlich Mitarbeiter, Kunden, Investoren und der breiteren Öffentlichkeit – zu gewinnen und zu erhalten. Unternehmen, die ethisch handeln, sind weniger anfällig für Skandale, rechtliche Probleme und Reputationsschäden. Ethische Unternehmensführung fördert auch eine positive Unternehmenskultur, die Mitarbeiter anzieht und bindet und die langfristige Nachhaltigkeit des Unternehmens sichert.

Transparenz und Rechenschaftspflicht sind wesentliche Bestandteile ethischer Unternehmensführung. Unternehmen müssen offen über ihre Geschäftspraktiken, finanziellen Ergebnisse und die Auswirkungen ihrer Entscheidungen auf die Umwelt und die Gesellschaft kommunizieren. Dies umfasst die Offenlegung von Risiken, die Einhaltung von gesetzlichen Vorschriften und die proaktive Berichterstattung über CSR- und Nachhaltigkeitsinitiativen. Transparenz schafft Vertrauen und ermöglicht es den Stakeholdern, informierte Entscheidungen zu treffen.

Unternehmen stehen oft vor ethischen Dilemmata, bei denen sie schwierige Entscheidungen treffen müssen, die potenziell widersprüchliche Interessen betreffen. Diese Dilemmata können sich aus Konflikten zwischen kurzfristiger Profitmaximierung und langfristiger Nachhaltigkeit, zwischen den Interessen der Aktionäre und der breiteren Gemeinschaft oder zwischen den Anforderungen des Marktes und den moralischen Überzeugungen der Führungskräfte ergeben. Es ist entscheidend, dass Unternehmen einen klaren ethischen Rahmen entwickeln und ihre Entscheidungen in Übereinstimmung mit ihren Werten und Prinzipien treffen.

# X.4 Innovationskultur und Zukunftstrends: Was die nächsten Jahrzehnte prägen wird

Eine starke Innovationskultur ist entscheidend, um in einer sich ständig verändernden Welt wettbewerbsfähig zu bleiben. Zukunftstrends wie Digitalisierung, Nachhaltigkeit und globale Zusammenarbeit werden die Innovationslandschaft der kommenden Jahrzehnte prägen.

## X.4.1 Schaffung einer Innovationskultur

Eine Innovationskultur fördert Kreativität, Risikobereitschaft und kontinuierliches Lernen innerhalb eines Unternehmens.

Zu den wesentlichen Elementen einer erfolgreichen Innovationskultur gehören die Förderung von Kreativität, die Unterstützung von Experimenten und das Akzeptieren von Fehlern als Lernchancen. Unternehmen sollten eine offene und kollaborative Umgebung schaffen, in der Mitarbeiter ermutigt werden, neue Ideen einzubringen und innovative Lösungen zu entwickeln. Eine Innovationskultur erfordert auch starke Führungskräfte, die als Vorbilder fungieren und die Bedeutung von Innovation in der Unternehmensstrategie verankern.

Kreativität und Zusammenarbeit sind Schlüsselkomponenten einer Innovationskultur. Unternehmen können Kreativität fördern, indem sie ihren Mitarbeitern Freiräume für kreative Denkprozesse und den Austausch von Ideen bieten. Dies kann durch flexible Arbeitsmodelle, interdisziplinäre Teams und offene Innovationsplattformen erreicht werden. Zusammenarbeit ist ebenfalls entscheidend, um unterschiedliche Perspektiven zu integrieren und Synergien zu nutzen, die zu bahnbrechenden Innovationen führen.

Es ist wichtig, dass Unternehmen Innovation messen und belohnen, um sicherzustellen, dass innovative Aktivitäten gefördert und anerkannt werden. Dies kann durch die Einführung von Innovationskennzahlen, die Bewertung der Auswirkungen von Innovationen auf den Geschäftserfolg und die Anerkennung von Mitarbeiterleistungen im Bereich Innovation erfolgen. Anreize wie Innovationspreise, Boni und die Möglichkeit zur Teilnahme an externen Innovationsprojekten können ebenfalls dazu beitragen, eine Innovationskultur zu stärken.

# X.4.2 Zukunftstrends und ihre Auswirkungen auf Innovation

Zukunftstrends wie die Digitalisierung, der demografische Wandel und die Notwendigkeit nachhaltiger Entwicklung werden die Innovationslandschaft der kommenden Jahrzehnte prägen.

Die Digitalisierung wird weiterhin ein zentraler Treiber für Innovation sein. Technologische Fortschritte wie Künstliche Intelligenz, Blockchain, das Internet der Dinge (IoT) und 5G werden neue Möglichkeiten für Unternehmen eröffnen, um innovative Produkte und Dienstleistungen zu entwickeln. Unternehmen, die in digitale Technologien investieren und diese in ihre Geschäftsmodelle integrieren, werden einen Wettbewerbsvorteil haben und neue Märkte erschließen können.

Die wachsende Bedeutung von Nachhaltigkeit wird ebenfalls die Innovationslandschaft beeinflussen. Unternehmen stehen unter zunehmendem Druck, umweltfreundliche Produkte zu entwickeln, ihre $CO_2$-Emissionen zu reduzieren und nachhaltige Geschäftsmodelle zu implementieren. Nachhaltigkeit wird nicht nur als Verpflichtung gegenüber der Umwelt angesehen, sondern auch als Chance, neue Märkte zu erschließen und langfristigen wirtschaftlichen Erfolg zu sichern. Innovationsinitiativen, die auf Nachhaltigkeit abzielen, können von Investoren, Verbrauchern und Regulierungsbehörden positiv aufgenommen werden.

Die Globalisierung und die zunehmende Vernetzung von Märkten und Unternehmen fördern die globale Zusammenarbeit und offene Innovation. Offene Innovationsmodelle, bei denen Unternehmen mit externen Partnern wie Startups, Forschungseinrichtungen und Kunden zusammenarbeiten, ermöglichen den Zugang zu neuen Ideen, Technologien und Märkten. Globale Zusammenarbeit ist entscheidend, um die komplexen Herausforderungen der Zukunft zu bewältigen, wie z. B. den Klimawandel, die Gesundheitsversorgung und die Ressourcenknappheit. Unternehmen, die globale Partnerschaften nutzen, werden besser in der Lage sein, innovative Lösungen zu entwickeln und ihre Wettbewerbsfähigkeit zu steigern.

# XI. Globale Zusammenarbeit und internationale Politik: Wege zu Frieden und Stabilität

In einer zunehmend vernetzten Welt sind globale Zusammenarbeit und internationale Politik von entscheidender Bedeutung, um Frieden und Stabilität zu gewährleisten. Globale Herausforderungen wie Klimawandel, Pandemien, wirtschaftliche Ungleichheit und geopolitische Spannungen erfordern kooperative Lösungen, die über nationale Grenzen hinausgehen. In diesem Kapitel werden die wichtigsten Aspekte der globalen Zusammenarbeit und internationale Politik beleuchtet, die zur Schaffung einer friedlicheren und stabileren Welt beitragen können.

## XI.1 Multilateralismus und internationale Organisationen: Herausforderungen und Reformen

Multilateralismus, also die Zusammenarbeit zwischen mehreren Ländern zur Lösung globaler Probleme, ist das Rückgrat der internationalen Politik. Internationale Organisationen spielen eine zentrale Rolle bei der Förderung des Multilateralismus und der Bewältigung globaler Herausforderungen.

### XI.1.1    Bedeutung des Multilateralismus in der modernen Welt

Multilateralismus ist ein wesentlicher Pfeiler der internationalen Beziehungen und fördert die Zusammenarbeit zwischen Staaten, um gemeinsame Herausforderungen zu bewältigen.

Multilateralismus ermöglicht es Ländern, ihre Kräfte zu bündeln und gemeinsam Lösungen für globale Probleme zu entwickeln. Durch multilaterale Abkommen können Staaten ihre politischen und wirtschaftlichen Interessen besser verteidigen und gleichzeitig zur globalen Stabilität beitragen. Multilateralismus fördert den Frieden, indem er Dialog und Zusammenarbeit anstelle von Konfrontation und Unilateralismus bevorzugt. Internationale Abkommen zu Themen wie Klimawandel, Handel und Sicherheit sind Beispiele dafür, wie Multilateralismus zur Lösung globaler Herausforderungen beitragen kann.

Trotz seiner Bedeutung steht der Multilateralismus vor erheblichen Herausforderungen. Der Aufstieg nationalistischer und populistischer Bewegungen in vielen Ländern hat den Multilateralismus geschwächt, da Regierungen zunehmend auf unilaterale Maßnahmen und protektionistische Politiken setzen. Auch geopolitische Spannungen und das Misstrauen zwischen Großmächten erschweren die Zusammenarbeit. Es besteht das Risiko, dass internationale Organisationen an Einfluss verlieren und multilaterale Abkommen an Bedeutung einbüßen.

Um den Multilateralismus zu stärken, müssen internationale Organisationen reformiert und an die heutigen globalen Realitäten angepasst werden. Dies erfordert eine stärkere Einbindung von Schwellenländern und Entwicklungsländern in die globalen Entscheidungsprozesse sowie eine Verbesserung der Transparenz und Rechenschaftspflicht internationaler Institutionen. Es ist auch wichtig, dass multilaterale Ansätze flexibel genug sind, um auf neue Herausforderungen wie Cybersecurity, Migration und globale Gesundheitskrisen reagieren zu können.

# XI.1.2 Rolle internationaler Organisationen: UN, WTO, WHO und andere

Internationale Organisationen sind entscheidend für die Förderung von Frieden, Sicherheit und Zusammenarbeit zwischen den Nationen.

Die Vereinten Nationen (UN) spielen eine zentrale Rolle bei der Förderung von Frieden und Sicherheit, der Wahrung der Menschenrechte und der Unterstützung nachhaltiger Entwicklung. Die UN ist das wichtigste Forum für multilaterale Diplomatie und bietet eine Plattform für den Dialog zwischen den Nationen. Ihre Unterorganisationen, wie der Sicherheitsrat, die Generalversammlung und der Internationale Gerichtshof, arbeiten daran, Konflikte zu verhindern und zu lösen, internationale Normen zu setzen und humanitäre Hilfe zu leisten. Dennoch steht die UN vor Herausforderungen, insbesondere in Bezug auf die Reform des Sicherheitsrats, die Repräsentation der Mitgliedstaaten und die Finanzierung.

Die Welthandelsorganisation (WTO) ist verantwortlich für die Regelung des internationalen Handels und die Förderung eines freien und fairen Handels zwischen den Nationen. Die WTO bietet ein Forum für Verhandlungen über Handelsabkommen und die Beilegung von Handelsstreitigkeiten. Ihre Arbeit trägt dazu bei, Handelsbarrieren abzubauen und den Zugang zu globalen Märkten zu verbessern. Die WTO steht jedoch vor Herausforderungen wie der zunehmenden Fragmentierung des globalen Handelssystems, den Handelskonflikten zwischen Großmächten und der Notwendigkeit, die Handelspolitik an die Anforderungen der digitalen Wirtschaft und des Klimawandels anzupassen.

Die Weltgesundheitsorganisation (WHO) spielt eine entscheidende Rolle bei der globalen Gesundheitsförderung und der Bekämpfung von Krankheiten. Die WHO koordiniert internationale Maßnahmen zur Bekämpfung von Pandemien, unterstützt Länder bei der Stärkung ihrer Gesundheitssysteme und setzt Standards für die globale Gesundheitsversorgung. Die COVID-19-Pandemie hat die Bedeutung der WHO hervorgehoben, aber auch ihre Herausforderungen, insbesondere in Bezug auf die Finanzierung, die Unabhängigkeit und die Reaktion auf globale Gesundheitskrisen. Es besteht ein Bedarf an Reformen, um die Effizienz und Reaktionsfähigkeit der WHO zu verbessern.

Neben der UN, der WTO und der WHO gibt es zahlreiche weitere internationale Organisationen, die eine wichtige Rolle in der globalen Zusammenarbeit spielen. Dazu gehören die Internationale Atomenergie-Organisation (IAEA), die Internationale Arbeitsorganisation (ILO), die Weltbank und der Internationale Währungsfonds (IWF). Diese Organisationen tragen zur Förderung von Sicherheit, Gerechtigkeit, wirtschaftlicher Entwicklung und sozialem Fortschritt bei. Jede dieser Organisationen steht jedoch vor spezifischen Herausforderungen, die ihre Wirksamkeit und Legitimität beeinflussen, und es besteht ein ständiger Bedarf an Reformen und Anpassungen, um ihre Relevanz in einer sich verändernden Welt sicherzustellen.

# XI.2 Geopolitische Spannungen und Konfliktlösung: Strategien für eine friedlichere Welt

Geopolitische Spannungen und Konflikte gehören zu den größten Bedrohungen für den globalen Frieden und die Stabilität. Die Fähigkeit der internationalen Gemeinschaft, Konflikte zu verhindern und zu lösen, ist entscheidend für die Schaffung einer friedlicheren Welt.

## XI.2.1    Ursachen geopolitischer Spannungen

Geopolitische Spannungen entstehen durch eine Vielzahl von Faktoren, darunter territoriale Streitigkeiten, Machtkämpfe, wirtschaftliche Rivalitäten und ideologische Differenzen.

Territoriale Streitigkeiten sind eine häufige Ursache geopolitischer Spannungen. Diese Konflikte entstehen oft aus historischen Ansprüchen, ethnischen Spannungen oder Ressourceninteressen. Beispiele hierfür sind die Grenzkonflikte zwischen Indien und Pakistan, der Streit um das Südchinesische Meer und die Auseinandersetzungen um die Ukraine. Solche Konflikte können leicht eskalieren und das Risiko militärischer Auseinandersetzungen erhöhen.

Geopolitische Spannungen können auch durch Machtkämpfe zwischen Großmächten und wirtschaftliche Rivalitäten verstärkt werden. Der Wettbewerb um globale Vorherrschaft, wirtschaftlichen Einfluss und Zugang zu Ressourcen führt oft zu Spannungen zwischen Ländern wie den USA, China und Russland. Handelskriege, Sanktionen und militärische Aufrüstung sind häufige Ausdrucksformen dieser Spannungen.

Ideologische Differenzen, wie sie zwischen Demokratien und autoritären Regimen bestehen, tragen ebenfalls zu geopolitischen Spannungen bei. Diese Spannungen können durch politische Instabilität, Menschenrechtsverletzungen und den Einfluss externer Akteure verstärkt werden. Die Unterstützung von Aufständen, Staatsstreichen oder politischen Bewegungen durch ausländische Mächte kann zu Destabilisierung und Konflikten führen.

## XI.2.2 Mechanismen der Konfliktlösung

Die Konfliktlösung erfordert diplomatische, rechtliche und militärische Ansätze, um Spannungen abzubauen und Frieden zu fördern.

Diplomatie ist das wichtigste Mittel zur Konfliktlösung. Durch Verhandlungen, Mediation und Dialog können Konfliktparteien Kompromisse finden und Lösungen für ihre Streitigkeiten entwickeln. Internationale Organisationen wie die UN und regionale Organisationen wie die Afrikanische Union (AU) spielen eine wichtige Rolle bei der Förderung diplomatischer Lösungen. Erfolgreiche Diplomatie erfordert Geduld, Verhandlungsbereitschaft und die Unterstützung der internationalen Gemeinschaft.

Friedenssicherungsmissionen und Friedenserhaltungsmaßnahmen sind zentrale Instrumente der internationalen Gemeinschaft, um Konflikte zu beenden und langfristigen Frieden zu sichern. Friedenssicherungseinsätze, die oft unter dem Mandat der UN stehen, umfassen die Entsendung von Truppen, um Waffenstillstände zu überwachen, Zivilisten zu schützen und den Wiederaufbau zu unterstützen. Friedenserhaltungsmissionen zielen darauf ab, die Stabilität nach einem Konflikt zu festigen, indem sie die Entwaffnung, Demobilisierung und Reintegration von Kämpfern unterstützen und den politischen Prozess fördern.

Internationale Rechtsinstrumente und Gerichte, wie der Internationale Gerichtshof (IGH) und der Internationale Strafgerichtshof (IStGH), sind wichtige Mittel zur friedlichen Beilegung von Konflikten und zur Durchsetzung des Völkerrechts. Diese Institutionen bieten eine Plattform für die Beilegung von Streitigkeiten und die Verfolgung von Kriegsverbrechen, Verbrechen gegen die Menschlichkeit und Völkermord. Die Durchsetzung internationaler Urteile ist jedoch oft eine Herausforderung, da sie von der Kooperation der beteiligten Staaten abhängt.

# XI.3 Internationale Handelsabkommen und Wirtschaftsbeziehungen: Chancen und Risiken

Internationale Handelsabkommen und Wirtschaftsbeziehungen sind wesentliche Bestandteile der globalen Zusammenarbeit. Sie fördern den Austausch von Gütern, Dienstleistungen und Investitionen und tragen zur wirtschaftlichen Entwicklung und Stabilität bei.

## XI.3.1    Freihandelsabkommen und ihre Auswirkungen

Freihandelsabkommen (FTAs) sind Vereinbarungen zwischen Ländern, die darauf abzielen, Handelsbarrieren abzubauen und den Handel zu erleichtern.

Freihandelsabkommen bieten zahlreiche Vorteile, darunter den Abbau von Zöllen und Handelshemmnissen, die Förderung von Wettbewerb und Innovation sowie den Zugang zu neuen Märkten. Durch die Reduzierung von Handelsbarrieren können Unternehmen ihre Produkte und Dienstleistungen in anderen Ländern leichter verkaufen, was zu einem Anstieg des Handelsvolumens und des Wirtschaftswachstums führt. FTAs fördern auch die Integration von Volkswirtschaften und die Schaffung von Arbeitsplätzen.

Trotz ihrer Vorteile stehen Freihandelsabkommen oft in der Kritik. Gegner argumentieren, dass FTAs zu Ungleichheiten führen können, indem sie bestimmte Sektoren oder Arbeitergruppen benachteiligen. In Entwicklungsländern kann der Wettbewerb mit ausländischen Unternehmen heimische Industrien schwächen und Arbeitsplätze gefährden. Auch der Schutz von Umwelt- und Arbeitsstandards kann durch FTAs untergraben werden. Es ist wichtig, dass Freihandelsabkommen so gestaltet werden, dass sie fairen Wettbewerb fördern und soziale und ökologische Standards respektieren.

Einige der bedeutendsten Freihandelsabkommen umfassen das Nordamerikanische Freihandelsabkommen (NAFTA), das Abkommen über die Transpazifische Partnerschaft (TPP) und das Freihandelsabkommen zwischen der Europäischen Union und Kanada (CETA). Diese Abkommen haben die Handelsbeziehungen zwischen den beteiligten Ländern erheblich verändert und neue Möglichkeiten für Unternehmen und Investoren geschaffen. Gleichzeitig haben sie Debatten über ihre Auswirkungen auf nationale Souveränität, Arbeitsmärkte und Umwelt ausgelöst.

# XI.3.2 Globalisierung und ihre Herausforderungen

Die Globalisierung hat die Weltwirtschaft tiefgreifend verändert, bringt jedoch auch neue Herausforderungen und Risiken mit sich.

Die Globalisierung hat zu einem signifikanten Anstieg des internationalen Handels, der Investitionen und der Mobilität von Arbeitskräften geführt. Sie hat zur Verbreitung von Technologien, Wissen und kulturellen Werten beigetragen und neue Märkte für Unternehmen erschlossen. Gleichzeitig hat die Globalisierung zur Entstehung globaler Lieferketten geführt, die die Effizienz und Wettbewerbsfähigkeit der Unternehmen erhöhen.

Eine der größten Herausforderungen der Globalisierung ist die wachsende wirtschaftliche Ungleichheit innerhalb und zwischen Ländern. Während einige Regionen und Bevölkerungsgruppen von der Globalisierung profitiert haben, wurden andere benachteiligt. Der Verlust von Arbeitsplätzen in bestimmten Sektoren, der Druck auf Löhne und Arbeitsbedingungen und die zunehmende Kluft zwischen Arm und Reich haben zu sozialen Spannungen und politischer Instabilität geführt. Die Globalisierung hat auch Bedenken hinsichtlich der kulturellen Homogenisierung und des Verlusts lokaler Identitäten aufgeworfen.

In einer zunehmend multipolaren Welt, in der neue wirtschaftliche Mächte wie China, Indien und Brasilien aufsteigen, verändert sich die Dynamik der Globalisierung. Diese Länder spielen eine immer größere Rolle in der Weltwirtschaft und beeinflussen die Gestaltung globaler Handels- und Investitionsbeziehungen. Gleichzeitig führen geopolitische Spannungen, protektionistische Tendenzen und die Notwendigkeit, globale Herausforderungen wie den Klimawandel anzugehen, zu einer Neuordnung der globalen Wirtschaftslandschaft.

# XI.4 Globale Sicherheit und Zusammenarbeit in der Cybersicherheit: Herausforderungen und Ansätze

In einer digital vernetzten Welt sind globale Sicherheit und Cybersicherheit eng miteinander verknüpft. Cyberbedrohungen stellen eine wachsende Gefahr für die internationale Stabilität dar und erfordern eine enge Zusammenarbeit zwischen Staaten und internationalen Organisationen.

## XI.4.1 Cyberbedrohungen: Arten und Auswirkungen

Cyberbedrohungen nehmen in ihrer Häufigkeit und Komplexität zu und betreffen alle Bereiche der Gesellschaft.

Cyberbedrohungen umfassen eine Vielzahl von Angriffen, darunter Hacking, Phishing, Ransomware, Denial-of-Service-Angriffe (DDoS) und Datendiebstahl. Diese Angriffe können auf verschiedene Ziele gerichtet sein, darunter Regierungsinstitutionen, Unternehmen, kritische Infrastrukturen und Einzelpersonen. Staatlich geförderte Cyberangriffe, die auf die Destabilisierung anderer Länder oder die Beeinflussung politischer Prozesse abzielen, stellen eine besondere Gefahr dar.

Die Auswirkungen von Cyberangriffen können verheerend sein. Sie reichen von wirtschaftlichen Verlusten durch gestohlene Daten und unterbrochene Dienstleistungen bis hin zu ernsthaften Bedrohungen für die nationale Sicherheit. Cyberangriffe können die Funktionsfähigkeit kritischer Infrastrukturen wie Energieversorgung, Kommunikation und Verkehr beeinträchtigen und das Vertrauen der Öffentlichkeit in digitale Technologien und Institutionen untergraben. Darüber hinaus können Cyberangriffe politische Instabilität verursachen, indem

131

sie Wahlen manipulieren, Desinformation verbreiten und soziale Unruhen schüren.

# XI.4.2    Internationale Zusammenarbeit in der Cybersicherheit

Die Cybersicherheit erfordert eine enge internationale Zusammenarbeit, um Bedrohungen effektiv zu begegnen und globale Sicherheitsstandards zu setzen.

In einer vernetzten Welt kennen Cyberbedrohungen keine nationalen
Grenzen, und ein Angriff in einem Land kann weltweite Auswirkungen
haben. Deshalb ist die internationale Zusammenarbeit entscheidend,
um Cyberbedrohungen zu erkennen, zu verhindern und darauf zu reagieren. Staaten, internationale Organisationen, Unternehmen und die
Zivilgesellschaft müssen gemeinsam Maßnahmen ergreifen, um die
Cybersicherheit zu stärken, Informationsaustausch zu fördern und
globale Sicherheitsstandards zu entwickeln.

Internationale Abkommen und Organisationen spielen eine wichtige
Rolle bei der Förderung der Cybersicherheit. Das Übereinkommen
von Budapest über Cyberkriminalität ist das erste internationale Abkommen, das rechtliche Maßnahmen zur Bekämpfung von Cyberkriminalität festlegt. Die NATO und die Europäische Union haben ebenfalls Strategien zur Cybersicherheit entwickelt, um ihre Mitglieder zu
schützen und ihre Verteidigungsfähigkeiten im Cyberspace zu stärken. Es gibt jedoch noch viel Raum für Verbesserungen, insbesondere
in Bezug auf die Entwicklung verbindlicher internationaler Normen
und die Schaffung von Mechanismen zur Durchsetzung dieser
Normen.

Trotz der Fortschritte in der internationalen Zusammenarbeit bleiben
viele Herausforderungen bestehen. Dazu gehören die unterschiedlichen nationalen Gesetze und Standards, die mangelnde Transparenz
bei staatlichen Cyberaktivitäten und die Schwierigkeit, Cyberangriffe

zurückzuverfolgen und Verantwortliche zur Rechenschaft zu ziehen. Es besteht ein wachsender Bedarf an internationalem Dialog, Vertrauen und Zusammenarbeit, um diese Herausforderungen zu bewältigen und eine sichere digitale Zukunft zu gewährleisten.

# XII. Gesellschaftlicher Wandel und kulturelle Transformation: Anpassung an neue Realitäten

Der gesellschaftliche Wandel und die kulturelle Transformation sind zentrale Themen in einer Welt, die sich durch technologische Fortschritte, Globalisierung und demografische Veränderungen ständig weiterentwickelt. Diese Entwicklungen beeinflussen das Zusammenleben, die Werte und die Identitäten der Menschen auf tiefgreifende Weise. In diesem abschließenden Kapitel werden die wichtigsten Aspekte des gesellschaftlichen Wandels und der kulturellen Transformation untersucht, sowie die Herausforderungen und Chancen, die sich daraus ergeben.

## XII.1 Demografischer Wandel und Generationenwechsel: Auswirkungen auf die Gesellschaft

Der demografische Wandel und der Generationenwechsel sind wesentliche Faktoren, die die Struktur und Dynamik von Gesellschaften weltweit beeinflussen.

### XII.1.1 Alternde Gesellschaften: Herausforderungen und Chancen

In vielen Ländern der Welt führt der demografische Wandel zu einer alternden Bevölkerung, was tiefgreifende Auswirkungen auf verschiedene gesellschaftliche Bereiche hat.

Eine alternde Gesellschaft stellt erhebliche Herausforderungen dar, insbesondere im Hinblick auf die Renten- und Gesundheitssysteme. Mit dem Anstieg der Lebenserwartung und der sinkenden Geburtenrate wächst der Anteil älterer Menschen, was den Druck auf die Sozialversicherungssysteme erhöht. Gleichzeitig steigt die Nachfrage nach Gesundheits- und Pflegeleistungen, während die Erwerbsbevölkerung schrumpft. Diese Entwicklungen können zu wirtschaftlichen Belastungen und sozialen Spannungen führen, wenn nicht rechtzeitig Maßnahmen ergriffen werden.

Trotz der Herausforderungen bietet eine alternde Gesellschaft auch Chancen. Ältere Menschen verfügen über wertvolle Erfahrungen, Wissen und Fähigkeiten, die für die Gesellschaft von großem Nutzen sein können. Viele von ihnen bleiben auch im Ruhestand aktiv, sei es durch ehrenamtliche Arbeit, Mentoring oder die Gründung eigener Unternehmen. Die Förderung der aktiven Teilhabe älterer Menschen kann nicht nur zu ihrer Lebensqualität beitragen, sondern auch das soziale Gefüge stärken und den sozialen Zusammenhalt fördern.

Um den Herausforderungen des demografischen Wandels zu begegnen, sind umfassende Strategien erforderlich. Dazu gehören Reformen der Renten- und Gesundheitssysteme, die Förderung von lebenslangem Lernen und die Schaffung von Arbeitsbedingungen, die es älteren Menschen ermöglichen, länger im Berufsleben zu bleiben. Darüber hinaus ist es wichtig, eine altersfreundliche Umgebung zu schaffen, die die Bedürfnisse älterer Menschen berücksichtigt und ihre Teilhabe am gesellschaftlichen Leben erleichtert.

# XII.1.2 Generationenwechsel: Neue Werte und Lebensstile

Der Generationenwechsel hat tiefgreifende Auswirkungen auf die gesellschaftlichen Normen, Werte und Lebensstile. Jede Generation bringt ihre eigenen Perspektiven, Prioritäten und Verhaltensweisen mit, die das soziale Gefüge und die kulturelle Dynamik einer Gesellschaft prägen.

Jüngere Generationen, wie die Millennials und die Generation Z, unterscheiden sich in vielerlei Hinsicht von ihren Vorgängern. Sie legen größeren Wert auf Flexibilität, Individualität und Work-Life-Balance. Themen wie soziale Gerechtigkeit, Umweltbewusstsein und digitale Vernetzung stehen für sie im Vordergrund. Diese Generationen sind auch technologieaffiner und haben andere Erwartungen an ihre Lebens- und Arbeitswelten. Der Wertewandel zeigt sich beispielsweise in der zunehmenden Bedeutung von Diversität und Inklusion, nachhaltigem Konsum und der Bereitschaft, sich für soziale und politische Themen zu engagieren.

Der Generationenwechsel bringt auch Veränderungen in den Arbeits- und Lebensstilen mit sich. Jüngere Menschen bevorzugen zunehmend flexible Arbeitsmodelle, wie Remote-Arbeit oder Teilzeitbeschäftigung, und legen großen Wert auf die Vereinbarkeit von Beruf und Privatleben. Die traditionelle Vorstellung einer linearen Karriere mit einer festen Vollzeitbeschäftigung wird zunehmend hinterfragt. Stattdessen gewinnen Modelle wie Freelancing, Gig-Arbeit und das sogenannte „Portfolio-Karriere" an Bedeutung, bei denen Individuen verschiedene Projekte oder Tätigkeiten gleichzeitig verfolgen.

Der Generationenwechsel kann auch Spannungen zwischen den Generationen hervorrufen, insbesondere in Bezug auf unterschiedliche Werte, Erwartungen und Lebensweisen. Ältere Generationen könnten Schwierigkeiten haben, sich an die neuen Normen und Technologien anzupassen, während jüngere Generationen mit dem Druck konfrontiert sind, sich in bestehenden Strukturen zu behaupten. Es ist wichtig, den intergenerationalen Dialog zu fördern, um Verständnis und Respekt zwischen den Generationen zu stärken und von den jeweiligen Stärken und Erfahrungen zu profitieren.

# XII.2 Kulturelle Identität und Globalisierung: Chancen und Konflikte

Die Globalisierung hat tiefgreifende Auswirkungen auf die kulturelle Identität von Individuen und Gesellschaften. Sie fördert den Austausch von Ideen und Werten, kann aber auch zu Spannungen und Konflikten führen, wenn lokale Traditionen und Identitäten unter Druck geraten.

## XII.2.1 Kulturelle Vielfalt in einer globalisierten Welt

Die Globalisierung hat dazu geführt, dass Kulturen sich vermischen und eine globale Kultur entsteht, die gleichzeitig Vielfalt und Homogenität fördert.

Kulturelle Vielfalt bereichert Gesellschaften auf vielerlei Weise. Der Austausch von Ideen, Traditionen und Werten trägt zur Innovation und Kreativität bei und fördert das Verständnis und die Toleranz zwischen unterschiedlichen Gruppen. Multikulturelle Gesellschaften bieten eine breite Palette an Perspektiven und Erfahrungen, die zur Lösung globaler Probleme beitragen können. Darüber hinaus bereichert kulturelle Vielfalt das tägliche Leben, sei es durch kulinarische Vielfalt, künstlerische Ausdrucksformen oder religiöse Traditionen.

Trotz der Vorteile bringt die Globalisierung auch Herausforderungen für kulturelle Identitäten mit sich. Die Dominanz westlicher Kulturindustrien und die Verbreitung globaler Marken können lokale Traditionen und Sprachen verdrängen, was zu einem Verlust an kultureller Vielfalt führt. Menschen in verschiedenen Teilen der Welt könnten das Gefühl haben, dass ihre kulturellen Identitäten bedroht sind, was zu einem Rückzug in traditionelle Werte oder zu einer verstärkten Abgrenzung gegenüber anderen Kulturen führen kann. Dies kann Spannungen und Konflikte innerhalb und zwischen Gesellschaften verstärken.

Um die Vorteile der kulturellen Vielfalt zu nutzen und die Herausforderungen der Globalisierung zu bewältigen, ist es wichtig, den interkulturellen Dialog zu fördern. Bildung, Austauschprogramme und kulturelle Initiativen können dazu beitragen, das Verständnis und die Wertschätzung für unterschiedliche Kulturen zu fördern. Durch den Dialog können Missverständnisse ausgeräumt, gemeinsame Werte entdeckt und Kooperationen entwickelt werden, die zu einer friedlicheren und gerechteren Welt beitragen.

# XII.2.2  Globale Einflüsse auf lokale Kulturen

Die Globalisierung führt zu einem ständigen Austausch zwischen globalen und lokalen Kulturen, was sowohl Chancen als auch Herausforderungen mit sich bringt.

Der Begriff „Glocalization" beschreibt die Anpassung globaler Produkte, Ideen und Praktiken an lokale kulturelle Kontexte. Unternehmen und kulturelle Akteure passen ihre Angebote an die spezifischen Bedürfnisse und Vorlieben unterschiedlicher Märkte an. Ein Beispiel dafür ist die Anpassung internationaler Fast-Food-Ketten an lokale Essgewohnheiten. Dieser Prozess zeigt, dass es möglich ist, globale und lokale Elemente erfolgreich zu kombinieren, ohne die kulturelle Identität zu verlieren.

Die rasante Verbreitung globaler Medien, Marken und Technologien kann lokale Kulturen bedrohen, insbesondere in Bezug auf traditionelle Lebensweisen, Sprachen und Handwerkskünste. Die Herausforderung besteht darin, den Einfluss der Globalisierung so zu steuern, dass lokale Kulturen geschützt und gefördert werden. Kulturpolitik, Schutzmaßnahmen für immaterielles Kulturerbe und die Unterstützung lokaler Künstler und Gemeinschaften sind entscheidend, um sicherzustellen, dass lokale Kulturen in einer globalisierten Welt überleben und gedeihen.

Moderne Technologien spielen eine wichtige Rolle im globalen kulturellen Austausch. Das Internet und soziale Medien ermöglichen es Menschen auf der ganzen Welt, ihre Kulturen und Ideen auszutauschen und neue kulturelle Formen zu schaffen. Diese Technologien fördern auch die Entstehung von Subkulturen und globalen Gemeinschaften, die auf gemeinsamen Interessen und Werten basieren. Gleichzeitig besteht die Gefahr, dass die gleiche Technologie zur Verbreitung von Stereotypen, kultureller Aneignung oder kultureller Homogenisierung führt. Es ist wichtig, die Technologie so zu nutzen, dass sie den kulturellen Austausch bereichert und die Vielfalt fördert.

# XII.3 Soziale Medien und digitale Kommunikation: Einfluss auf Kultur und Gesellschaft

Die zunehmende Verbreitung von sozialen Medien und digitaler Kommunikation hat die Art und Weise, wie Menschen interagieren, Informationen teilen und Kultur konsumieren, grundlegend verändert.

## XII.3.1 Soziale Medien als Kulturträger und Katalysatoren für Wandel

Soziale Medien sind zu einem wichtigen Medium für den kulturellen Austausch und gesellschaftlichen Wandel geworden.

Soziale Medien ermöglichen es Menschen, kulturelle Inhalte zu erstellen, zu teilen und zu konsumieren, unabhängig von geografischen oder sozialen Grenzen. Plattformen wie YouTube, Instagram und TikTok haben neue Formen des kulturellen Ausdrucks hervorgebracht und die Art und Weise, wie Kultur vermittelt und wahrgenommen wird, revolutioniert. Künstler, Aktivisten und normale Nutzer können ihre Inhalte einem globalen Publikum zugänglich machen und so zur Schaffung einer globalen Kultur beitragen.

Soziale Medien haben auch die Fähigkeit, sozialen und politischen Wandel zu fördern. Bewegungen wie der Arabische Frühling, #Black-LivesMatter und Fridays for Future haben soziale Medien genutzt, um sich zu organisieren, Aufmerksamkeit zu erregen und ihre Anliegen weltweit zu verbreiten. Diese Plattformen bieten Menschen eine Stimme, die sonst möglicherweise nicht gehört würde, und schaffen Räume für den Austausch von Ideen und die Mobilisierung für gemeinsame Ziele.

Trotz ihres Potenzials bringen soziale Medien auch Herausforderungen mit sich. Die Verbreitung von Desinformation, Hassrede und Polarisierung ist ein großes Problem, das das Vertrauen in digitale Kommunikation untergräbt. Algorithmen, die darauf abzielen, Nutzerengagement zu maximieren, können dazu führen, dass Menschen in Informationsblasen gefangen bleiben und nur noch Inhalte sehen, die ihre bestehenden Ansichten bestätigen. Es ist wichtig, dass Plattformen und Nutzer Verantwortung übernehmen, um die negativen Auswirkungen sozialer Medien zu minimieren und ihren positiven Einfluss zu maximieren.

# XII.3.2 Digitalisierung und der Wandel von Kommunikationskulturen

Die Digitalisierung hat die Kommunikationskulturen verändert und neue Formen der Interaktion und des Ausdrucks hervorgebracht.

Die Digitalisierung hat zu einer Vielzahl neuer Kommunikationsformen geführt, von Instant Messaging über Videoanrufe bis hin zu virtuellen Realitätserfahrungen. Diese Technologien ermöglichen es Menschen, in Echtzeit über große Entfernungen hinweg zu kommunizieren, was die Art und Weise, wie Beziehungen gepflegt und Netzwerke aufgebaut werden, verändert hat. Digitale Kommunikation ist schneller, direkter und oft informeller als traditionelle Kommunikationsformen, was neue Möglichkeiten für den Austausch von Ideen und die Zusammenarbeit eröffnet.

Die digitale Kommunikation hat auch die zwischenmenschliche Kommunikation verändert. Während sie es ermöglicht, jederzeit und überall in Kontakt zu bleiben, kann sie auch zu Missverständnissen und einem Mangel an Tiefe in den Beziehungen führen. Nonverbale Hinweise, die in persönlichen Gesprächen wichtig sind, gehen oft verloren, was die Interpretation von Nachrichten erschwert. Zudem besteht die Gefahr, dass digitale Kommunikation die Aufmerksamkeitsspanne verringert und zu einer oberflächlicheren Auseinandersetzung mit komplexen Themen führt.

Die zunehmende Abhängigkeit von digitaler Kommunikation stellt auch Herausforderungen für die Privatsphäre und Sicherheit dar. Der Schutz persönlicher Daten, die Verhinderung von Cybermobbing und die Bewältigung der psychologischen Auswirkungen einer ständigen Erreichbarkeit sind nur einige der Probleme, die mit der digitalen Kommunikation einhergehen. Es ist wichtig, dass Einzelpersonen, Unternehmen und Regierungen Maßnahmen ergreifen, um diese Herausforderungen anzugehen und sicherzustellen, dass die digitale Kommunikation zum Wohl der Gesellschaft genutzt wird.

# XII.4 Ethik und Moral im 21. Jahrhundert: Neue Herausforderungen und Debatten

Die technologischen und gesellschaftlichen Veränderungen des 21. Jahrhunderts werfen neue ethische und moralische Fragen auf, die eine sorgfältige Abwägung und Debatte erfordern.

# XII.4.1 Technologische Ethik: KI, Gentechnik und Datenschutz

Die rasante Entwicklung neuer Technologien wie Künstliche Intelligenz (KI), Gentechnik und Big Data stellt die Gesellschaft vor komplexe ethische Herausforderungen.

KI hat das Potenzial, viele Bereiche des Lebens zu revolutionieren, aber sie wirft auch ernsthafte ethische Fragen auf. Dazu gehören Bedenken hinsichtlich der Transparenz und Nachvollziehbarkeit von KI-Entscheidungen, die Möglichkeit von Diskriminierung durch algorithmische Voreingenommenheit und die Auswirkungen auf den Arbeitsmarkt durch die Automatisierung von Arbeitsplätzen. Es ist entscheidend, ethische Richtlinien und Regulierungen zu entwickeln, die sicherstellen, dass KI-Systeme verantwortungsvoll und im Einklang mit den Menschenrechten eingesetzt werden.

Die Fortschritte in der Gentechnik, insbesondere in der CRISPR-Technologie, ermöglichen es, das Erbgut von Organismen präzise zu verändern. Dies bietet enorme Chancen für die Medizin und Landwirtschaft, wirft aber auch ethische Fragen auf. Sollten wir das menschliche Erbgut verändern dürfen? Wie können wir sicherstellen, dass Gentechnik nicht zu einer neuen Form der sozialen Ungleichheit führt? Diese und andere Fragen erfordern eine breite gesellschaftliche Debatte und klare ethische Leitlinien.

In einer zunehmend digitalisierten Welt wird der Schutz persönlicher Daten immer wichtiger. Big Data und die allgegenwärtige Sammlung von Daten durch Unternehmen und Regierungen werfen Fragen zum Schutz der Privatsphäre und zur Kontrolle über persönliche Informationen auf. Es ist wichtig, dass strenge Datenschutzgesetze und -praktiken entwickelt und durchgesetzt werden, um die Rechte der Einzelnen zu schützen und das Vertrauen in digitale Technologien zu erhalten.

# XII.4.2 Globale Gerechtigkeit und ethische Verantwortung

Die Globalisierung und die wachsende Vernetzung der Welt werfen Fragen der globalen Gerechtigkeit und ethischen Verantwortung auf.

Die weltweite Ungleichheit in Bezug auf Reichtum, Zugang zu Bildung und Gesundheitsversorgung sowie politische Teilhabe stellt eine große Herausforderung dar. In einer globalisierten Welt, in der Entscheidungen in einem Land weitreichende Auswirkungen auf andere haben können, wächst die Verantwortung der wohlhabenderen Nationen und Individuen. Es besteht eine ethische Verpflichtung, Maßnahmen zu ergreifen, um globale Ungleichheiten zu verringern, sei es durch Entwicklungszusammenarbeit, fairen Handel oder die Bekämpfung des Klimawandels.

Der Klimawandel stellt eine der größten ethischen Herausforderungen unserer Zeit dar. Die Verantwortung für die Reduzierung von Treibhausgasemissionen und die Anpassung an die Auswirkungen des Klimawandels liegt nicht nur bei den Regierungen, sondern auch bei Unternehmen und Einzelpersonen. Die Frage der Klimagerechtigkeit, die die ungleiche Verteilung der Lasten und Vorteile des Klimawandels zwischen reichen und armen Ländern sowie zwischen heutigen und zukünftigen Generationen betrifft, erfordert eine gerechte und nachhaltige Lösung.

In einer Welt, die durch globale Herausforderungen wie Pandemien, Migration und Konflikte geprägt ist, besteht eine moralische Pflicht zur globalen Zusammenarbeit. Diese Zusammenarbeit sollte auf den Prinzipien der Solidarität, des Respekts und der Gerechtigkeit basieren. Es ist notwendig, gemeinsame Lösungen zu entwickeln, die das Wohl aller Menschen fördern und den Respekt für die Menschenrechte und die Würde jedes Einzelnen gewährleisten.

Mit diesem Kapitel schließt das Buch über die komplexen Herausforderungen und Chancen, die die moderne Welt prägen. Die Themen des gesellschaftlichen Wandels, der globalen Zusammenarbeit, der Innovation und der kulturellen Transformation bieten wertvolle Einblicke in die Art und Weise, wie sich unsere Welt verändert und wie wir auf diese Veränderungen reagieren können. Es liegt an uns, diese Herausforderungen mit Weisheit, Verantwortung und einem tiefen Engagement für Gerechtigkeit und Nachhaltigkeit anzugehen.